I0760010

Die Geschichte Heidis ist allseits bekannt: ihre unbeschwerte Kindheit in der pastoralen Idylle der Alp, ihr erzwungener Umzug in die moderne Lebenswelt der Stadt und ihre glückliche Rückkehr in die Berge. Angesichts des weltumspannenden und anhaltenden Erfolgs des Romans – er wurde seit 1880 in über fünfzig Sprachen übersetzt – wollte Jean-Michel Wissmer es jedoch etwas genauer wissen und hat die Geschichte von Heidi neu gelesen. Wissmer kontextualisiert den Roman in seiner Entstehungzeit, indem er etwa auf Vorstellungen über Pädagogik und Psychologie des späten 19. Jahrhunderts eingeht, damalige Hygienekonzepte, Migration sowie den Tourismus: Die Menschen wollten damals bereits der industrialisierten Welt entfliehen und in der unberührten Natur der Berge neue Kraft schöpfen. In dieser Sehnsucht nach einer unberührten Natur sieht Wissmer denn auch einen Grund für die Aktualität des Romans und die Faszination, die er noch heute auf viele Menschen ausübt. Aber Wissmer weist nach, dass das Bild der Berge und der Schweiz, das so häufig mit der Geschichte in romantisierender Weise assoziiert wird, im Roman differenzierter gestaltet ist. Denn dieser zeigt nicht lediglich eine Idylle, sondern einen Lebensraum, der keineswegs ungetrübt ist von Armut, Krankheit und sozialen Spannungen. Auch die Autorin, von der er zu Recht sagt, dass sie heute trotz des grossen Erfolgs ihres Buches fast vergessen ist, erhält ein deutlicheres Profil: Johanna Spyri, Tochter der mystischen Dichterin Meta Heusser, führte im Zürich der Mitte des 19. Jahrhunderts ein bürgerliches Leben und pflegte mit Persönlichkeiten wie Conrad Ferdinand Meyer und Richard Wagner Umgang. Sie wird als tief religiös beschrieben und als eine Frau, die mit Depressionen zu kämpfen hatte.

Jean-Michel Wissmer ist Doktor der Literaturwissenschaft, Essayist, Schriftsteller und Dramaturg. Er ist Autor mehrerer Bücher, darunter *La Religieuse mexicaine, Sor Juana Inès de la Cruz, ou le scandale de l'écriture* und eines Theaterstücks, *Songe d'une Soeur*, das im Winter 2010 im Theater Pitoëff in Genf uraufgeführt wurde und im März 2014 unter dem Titel *Sueño de Monja* auf Spanisch erscheint.

Ernst Grell lebt in Basel und arbeitet als Übersetzer mit Schwerpunkt Geisteswissenschaften. Mitarbeit u.a. am *Historischen Lexikon der Schweiz*, der *Zeitschrift für pädagogische Historiographie* und der *Geschichte der Schweiz*, die 2014 im Schwabe Verlag erscheint.

Jean-Michel Wissmer

Heidi

Ein Schweizer Mythos erobert die Welt

Aus dem Französischen von Ernst Grell

Schwabe Verlag Basel

Publiziert mit Unterstützung von Pro Helvetia

prohelvetia

der Ernst Göhner Stiftung

ERNST GÖHNER STIFTUNG

und der Fondation Oertli Stiftung

FONDATION
OERTLI
STIFTUNG

MIX
Aus verantwortungsvollen Quellen
FSC® C068066

Schwabe reflexe 32

Illustrationen Inhalt: Friedrich Wilhelm Pfeiffer
Illustration Umschlag: Karl Mühlmeister
Lektorat: Angela Zoller, Schwabe
Umschlaggestaltung: Heike Ossenkop, h.o.pinxit //editorial design, Basel
Schrift: Quadraat
Gesamtherstellung: Schwabe AG, Muttenz/Basel, Schweiz
Printed in Switzerland
ISBN Printausgabe 978-3-7965-3247-4
ISBN eBook (epub) 978-3-7965-3248-1

rights@schwabe.ch
www.schwabeverlag.ch

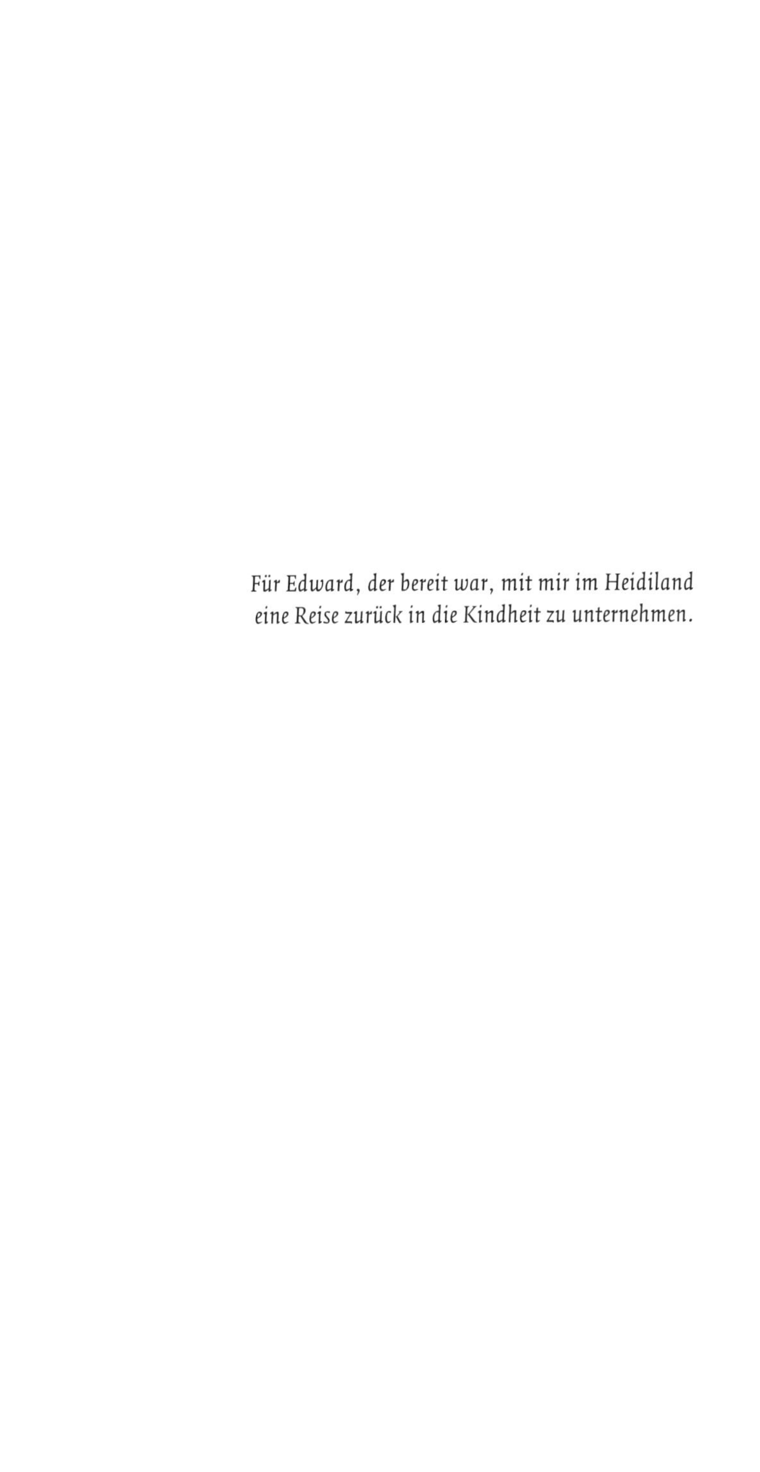

Für Edward, der bereit war, mit mir im Heidiland
eine Reise zurück in die Kindheit zu unternehmen.

Dort oben ist's gut sein, da können Leib und Seele gesunden, und man wird wieder seines Lebens froh.

Johanna Spyri, *Heidi kann brauchen, was es gelernt hat*

Mein äusserer Lebensgang ist sehr einfach und hat durchaus nichts Besonderes aufzuweisen. Der innere war sturmvoller, wer kann den erzählen?

Johanna Spyri, Briefe

Il n'y a peut-être pas de lecture plus attrayante pour tous les âges que celle d'un bon livre d'enfants.

Alexandre Vinet

Dans la chaleur du fœhn
Caressant l'alpe,
La Tamina s'écoule
Sous la plume de Johanna
Qui invente une enfant
Pour conquérir le monde.

Inhalt

An meine Leserinnen und Leser ennet der Saane und jenseits des Rheins

Nichts ist natürlicher als ein Buch über *Heidi* ins Deutsche zu übersetzen, da Johanna Spyris Roman bekanntlich in dieser Sprache verfasst wurde. Trotzdem wird mein Text vielleicht einige deutschsprachige Leserinnen und Leser überraschen. Denn er wurde zuerst und vor allem für ein französischsprachiges Publikum (insbesondere in der Romandie) geschrieben. Deshalb sind hier einige Erklärungen angebracht: die Heidi-Geschichte – oder die Heidi-Saga – ist nämlich nicht auf beiden Seiten des *Röstigrabens* dieselbe.

Zunächst muss man wissen: die Westschweizer – und in noch weit stärkerem Masse die Franzosen, Belgier oder Kanadier – kümmert es herzlich wenig, wo genau unser Alpenkind geboren wurde. Ein Berg ist ein Berg. Zudem wissen viele nichts über die Autorin, manche kennen nicht einmal ihren Namen. Aber was soll's? Schliesslich ist es doch die *Heldin*, die uns interessiert! Und es handelt sich ja nur um eine Kindergeschichte! Ein weiterer Punkt: Wir Romands haben Heidi zu einem langen Leben verholfen, indem wir Fortsetzungen des Romans hinzuerfanden: wir liessen Heidi erwachsen werden, reisen (bis nach Amerika!), Mutter und Grossmutter werden ... Geschichten, die den Menschen ennet der Saane und jenseits des Rheins völlig unbekannt sind. Hinzu kommt, dass uns die vielen Spielfilme, Zeichentrickfilme und Fernsehserien, die mit dem Originaltext recht unzimperlich umspringen, nicht viel weitergeholfen, sondern eher die Sicht vernebelt haben, indem sie etwa aus dem wilden Bergkind mit den «braunen krausen Haaren» eine Anziehpuppe – gerne als Tirolermädchen mit blonden Zöpfen! – gemacht haben.

In diesem Durcheinander wollte ich ein wenig Ordnung schaffen, indem ich zu den Quellen zurückkehrte. Zu meinem grossen Erstaunen fand ich keine Bücher über den Heidi-Mythos. Sicher gibt es einige Arbeiten darüber in der Sparte der Jugendliteratur, ein paar Presseartikel und natürlich Biografien über Spyri, aber meines Wissens existieren nur ganz wenige Beiträge, die sich mit dem Mythos in seiner Gesamtheit befassen. Deshalb kam ich zum Schluss, dass es hier eine Lücke zu schliessen galt. Ich hege sehr zärtliche Gefühle gegenüber Heidi und der Gedanke, sie zu entmystifizieren, liegt mir fern – keine Analyse des Bestsellers von Spyri könnte jemals seinen Status als Mythos gefährden.

Ich habe auch andere Werke Spyris in meine Untersuchung einbezogen und in der Überzeugung, dass *Heidi* viel mehr als ‹nur› ein Kinderbuch ist, öffne ich einige zeitgeschichtliche Fenster auf das 19. Jahrhundert in der Schweiz und in Europa. Nicht fehlen durfte auch ein Exkurs über den in Japan endemischen *Heidi*-Kult. Im Weiteren wollte ich die spirituelle Dimension des Textes gebührend zur Geltung bringen, denn im Lauf der vielen Editionen und Adaptionen ist ein wenig in Vergessenheit geraten, dass Heidi fleissig betete.

Nun bleibt mir nur noch – wie den Dramatikern vergangener Zeiten, wenn die Vorstellung zu Ende war – um die Gunst meiner deutschsprachigen Leserinnen und Leser zu bitten, denen es hoffentlich Vergnügen bereiten wird, den Heidi-Mythos mit den Augen eines Westschweizers neu zu entdecken.

Jean-Michel Wissmer
Genf, im Sommer 2013

Dank

Meine Gedanken gehen insbesondere an Regine Schindler, die am 8. Juni 2013 von uns gegangen ist. Diese bedeutende Spezialistin auf dem Gebiet der Johanna-Spyri- und Meta-Heusser-Forschung liess mich in grosszügiger Weise an ihrem reichen Wissen und ihrer Begeisterung für ihren Forschungsgegenstand teilhaben. Bestimmt hätte es sie gefreut zu hören, dass mein Buch nun in deutscher Übersetzung vorliegt.

Ich danke Colette Bertagna, Edward Bizub und François Buensod herzlich für die gründliche Durchsicht meines Manuskripts.

Ferner danke ich Denise von Stockar und Roger Meyer vom *Schweizerischen Institut für Kinder- und Jugendmedien* in Zürich für ihre Unterstützung.

Zwischen Mythos, Nostalgie und Ablehnung

Die Geschichte Heidis ist ohne Zweifel ein nationaler Mythos, da sie Werte transportiert, die spezifisch mit der schweizerischen Kultur verknüpft sind und in denen sich die Schweizerinnen und Schweizer wiedererkennen. Trotz seiner nationalen Bindung ist dieser Mythos aufgrund seiner Rezeption und seines breiten Erfolgs universell geworden. Es ist zwar kein Gründungsmythos wie das Drama *Wilhelm Tell*, aber auf ihre Art ist Heidi ebenfalls eine legendäre Figur, sozusagen eine Heldin der *Swissness*. Obwohl die Autorin Johanna Spyri Deutschschweizerin ist, schafft es die Figur problemlos, die hierzulande in augenzwinkernder Anspielung auf unterschiedliche kulinarische Vorlieben als «Röstigraben» bezeichnete Grenze zwischen der französischsprachigen und der deutschsprachigen Schweiz zu überbrücken. Heidi ist einfach ein Mädchen, das in den Schweizer Bergen lebt, und niemand macht sich Gedanken darüber, ob es sich dabei um Waadtländer, Walliser, Berner oder Bündner Berge handelt.

Der Heidi-Mythos kennt auch keine sozialen oder intellektuellen Schranken. Als ich in meinem Bekanntenkreis erzählte, dass ich ein Buch über Heidi schreiben wolle, befürchtete ich ein wenig, dass manche von ihnen – besonders meine Kollegen von der Universität – verlegen, amüsiert und wohl ein bisschen herablassend reagieren würden. Aber das genaue Gegenteil war der Fall. Meine Zuhörer versanken einen Moment in Schweigen und begannen sich in die Vergangenheit zurückzuträumen. Sie erinnerten sich an glückliche Momente in ihrer Jugend, als sie sich von Büchern, Filmen oder Fernsehserien fesseln liessen, in denen das Bergkind die Hauptrolle spielte. Vor ihrem geistigen Auge erschienen die eingeschneite Alphütte, der Alm-Öhi und der Geissenpeter. Die einen kannten die Autorin, die anderen nicht. Die wenigsten wussten, dass nur die ersten zwei Bände von Johanna Spyri stammten und dass die Fortsetzungen des Buches – Heidi als Gattin, Mutter und später Grossmutter – lediglich blasse Nachschöpfungen sind, mit denen deren Verfasser an den Geschäftserfolg des Originals anzuknüpfen hoffte. Nicht selten entstanden lebhafte Gespräche, mit zahllosen Fragen zu der kleinen Heldin, die man sich immer noch gerne mit blonden Zöpfen vorstellt.

Heidi nötigt uns Respekt ab und ruft zärtliche Gefühle in uns wach. Als nationales Monument scheint sie über jeglichen Spott erhaben und das Thema ist entsprechend heikel. Die Symbolfigur Heidi wird manchmal mit gewissen typisch schweizerischen Obsessionen wie der Ordnungsliebe oder der Reinlichkeit in Verbindung gebracht und steht zudem für einen gewissen identitären Rückzug, der nicht immer eine gute Presse hat. Aber eingebettet zwischen einer überwältigenden Popularität und einer gewissen Ablehnung nimmt die kleine Berglerin nach wie vor eine einzigartige Stellung in unseren Kindheitserinnerungen und der Vision einer idealisierten Schweiz ein. Als typisches Schweizerkind bringt sie auch Japaner und Amerikaner oder – so bin ich versucht zu sagen – Erwachsene schlechthin zum Träumen.

Im 21. Jahrhundert fällt es Heidi gewiss nicht leicht, sich gegen die Konkurrenz von Videospielen und *Harry Potter* zu behaupten. Ich frage mich, ob sich die Kinder von heute noch für diese Geschichte begeistern können oder ob *Heidi* veraltet ist. Die Frage lässt sich teilweise mit dem Hinweis darauf beantworten, dass im Kinderbuchbereich unablässig neue modernisierte Adaptionen des Romans erscheinen. Und im Übrigen darf man sich wohl darauf verlassen, dass nostalgische Eltern alles tun werden, um den Heidi-Mythos am Leben zu halten.

Ich selbst habe *Heidi* erst mit einiger Verspätung, sozusagen als erwachsenes Kind gelesen, als ich eine *Heidiland* genannte Gegend entdeckte, die je zur Hälfte in den Kantonen Sankt Gallen und Graubünden liegt. Man besucht diese Region, um sich Thermalkuren in Bad Ragaz zu gönnen, um die Landschaft und die Weinberge von Maienfeld und Jenins zu geniessen und natürlich um auf Heidis Spuren zu wandeln. Die Bezeichnung *Heidiland* weckt unweigerlich Assoziationen zu *Disneyland* und lässt Schlimmes befürchten. Aber wie wir gleich sehen werden, haben sich die lokalen Behörden klugerweise um Authentizität bemüht, so dass diese schöne Ecke der Ostschweiz nichts von einem Attraktionenpark an sich hat.

Die literaturwissenschaftliche Aufarbeitung von Johanna Spyris Werk ist nicht sehr weit vorangeschritten und die meisten einschlägigen Bücher und Artikel sind auf Deutsch verfasst. Fast als ob

Nicht-Germanisten unfähig wären, Heidis Seelengeheimnisse zu ergründen oder als ob ihr Interesse nur dem Phänomen des Heidi-Kults gälte![1]

Diese Studie entstand unter anderem, weil ich Lust verspürte, einen ausserordentlich bekannten Text neu zu lesen: einen Text, der sich in der Erinnerung oft nur auf ein paar Bilder eines kleinen Mädchens beschränkt, das mit seinem Grossvater und dem Geissenpeter auf der Alm lebt, während man andere Episoden und sehr bedeutsame, oft auch überraschende Details völlig vergessen hat. Ganz ähnlich verhält es sich etwa mit Daniel Defoes Roman *Robinson Crusoe*, von dem vielen nur die Inselepisode und die erste Begegnung mit Freitag in Erinnerung geblieben sind.

Auch die Schöpferin von Heidi und ihr übriges Werk, das es nicht zum Bestseller geschafft hat, verdienen es, besser bekannt zu werden. Und im Übrigen ist die Wende vom 19. zum 20. Jahrhundert – *Heidi* wurde 1880 verfasst – eine faszinierende Epoche, in der die industrialisierte Welt bereits Sehnsucht nach einer Rückkehr zur Natur verspürte.

Um Heidis Heimat zu entdecken, muss man nahezu die ganze Schweiz von West bis Ost durchqueren, doch sind die Distanzen hierzulande nicht so gross und die Schönheiten der Landschaft lohnen die Reise.

Der Schauplatz und die Autorin

Heidi sucht eine Adresse

Flughafen Zürich, die unterirdische Verbindungsbahn zwischen den Terminals A und E. Hektisches Gewimmel der zahllosen eiligen Passagiere. Dauer der Fahrt: 30 Sekunden. Plakate verkünden: *«Switzerland – Get natural!»*. Das Muhen von Kühen vermischt sich mit den Unterhaltungen dieses fahrenden Turms zu Babel. An den Tunnelwänden fesselt eine Lichtinstallation den Blick. Kuhglocken erklingen und ein blondes Mädchen, wie aus einem Anker-Bild entflohen, rennt über eine Alpweide, wirft dem Betrachter eine Kusshand zu und verschwindet. Die Passagiere drängen zum Ausgang. Vielleicht geistert in ihren Köpfen noch die Erinnerung an die vorgeführten helvetischen Klischees herum, vor allem dasjenige unseres Alpenmädchens, dessen Name in grossen Lettern an den Wänden der Station prangt. Ein Wiedersehen mit Heidi in ‹neuer, verbesserter Auflage›: älter als im Roman und im feschen Dirndl-Look. Johanna Spyri würde sie nicht wiedererkannt haben: keine Spur von dem braunen Bubenschopf und den «krausen Haaren», wie es im Roman heisst. Ein Bild also, das sich wenig um Treue zur literarischen Vorlage schert, sondern eher von Geschäftsinteressen und vom Geschmack des breiten Publikums geprägt ist.

Dies scheint übrigens niemanden zu stören. Wenn Heidi in der kollektiven Vorstellung blonde Zöpfe trägt, weil man sich ein Schweizermädchen eben so vorstellt, dann hat unsere Kultfigur zwangsläufig blond zu sein. Auch wenn die Produkte aus dem Heidiland vom Bemühen zeugen, ein getreues Abbild der kleinen Brünette zu vermitteln, ist es schwierig, etablierte Vorurteile und Klischees auszuräumen. Diese sind sehr zählebig, vor allem wenn sie während Jahrzehnten durch Werbung und Kino geprägt wurden. Und da es sich hier ja um Kinderliteratur handelt, wo eigentlich alles erlaubt ist, scheint es nicht angebracht, allzu strenge Massstäbe anzulegen. Die Ikonografie legendärer Gestalten ist übrigens immer dem Wandel unterworfen: Wilhelm Tell wurde im Laufe der Jahre immer muskulöser und sein Bart wurde länger und länger …

Der Autorin Johanna Spyri selbst war auch kein beneidenswerteres Überlieferungsschicksal vergönnt. Ihr Bild ist zwar nicht verfälscht worden, dafür ist sie als Autorin von Heidi meist einfach ausgeblendet worden. Ihre Romanfigur Heidi führte seit ihrer Erschaffung ein Eigenleben und wurde berühmt, ohne dass sich das Publikum gross dafür interessierte, wer ihre Erfinderin war. Die rund fünfzig übrigen Werke, die Spyri hinterliess, werden heute kaum noch gelesen und kaum jemand erinnert sich noch an sie.

Man könnte sagen, dass Spyri das Los mit vielen anderen Autoren von Volks- oder Kindermythen und Legendenfiguren teilt. Don Juan ist viel berühmter als sein Erfinder Tirso de Molina, Pseudonym des Mercedarierbruders Gabriel Téllez, der einer der bedeutendsten Dramatiker des spanischen Goldenen Zeitalters war. Oder um auf die Kinderliteratur zurückzukommen: Wer hat schon von Pamela Lyndon Travers gehört? Wenn ich Ihnen aber den Namen Mary Poppins nenne, so taucht in Ihrem Gedächtnis gewiss sogleich die durch Walt Disney unsterblich gewordene wunderbare fliegende Gouvernante mit ihrem Regenschirmpapagei, ihrer Zaubertasche und ihrem *supercalifragilisticexpialidocious* auf. Ihre australische Schöpferin ist paradoxerweise aus unserem Gedächtnis entschwunden, während die erstaunliche Nanny in den Musicals am Broadway noch immer Kassenerfolge feiert.

Wie Johanna Spyri würde es auch P.L. Travers verdienen, bekannter zu sein. Wie die Verfasserin von *Heidi* war sie eine aufgeschlossene und vielseitig interessierte Frau, die Umgang mit Dichtern und Intellektuellen pflegte, literarischen Ehrgeiz besass und starke spirituelle Neigungen hatte. Sie schrieb tatsächlich mehrere *Mary-Poppins*-Bücher und rund zwanzig weitere Werke, die es noch zu entdecken gilt.

Es gibt literarische Orte, die untrennbar mit ihren Protagonisten verbunden sind und die am Ende zur Realität werden, weil die Leser dies so wünschen. «An einem Orte der Mancha, an dessen Namen ich mich nicht erinnern will» – mit diesen Worten führte Cervantes den Schauplatz seines *Don Quichotte* ein, um nicht in die Falle künftiger Pilgerzüge seiner Leser zu tappen. Umsonst: Das örtliche Verkehrsbüro bietet donquichotteske Wegbeschreibungen zwischen Windmühlen und Tavernen für die Spurensuche nach dem *sinnreichen Junker* und seiner Dulcinea an. Meistens bekommen aber die literarischen Figuren vom Autor explizit eine Adresse zugewiesen. Beispiele gefällig? Mary Poppins war – wenn sie nicht gerade durch die Lüfte schwebte – in der Cherry-Tree Lane 17, London, anzutreffen. In derselben Stadt war Sherlock Holmes, in der Baker Street 221 B, zu Hause. Der Martello Tower in Sandycove bei Dublin diente als Kulisse für das Gespräch zwischen Buck Mulligan und Stephen Dedalus zu Beginn des Romans *Ulysses* von James Joyce. Und wer hätte nicht den Autor mit dem Ich-Erzähler verwechselt, wenn er Marcel Prousts Heimatstadt Combray besuchen wollte?

In vielen Fällen existieren diese literarischen Adressen real: Es gibt wirklich ein Sherlock-Holmes-Museum in der Baker Street 221 B und der Londoner Stadtplan kennt zwei Strassen, die Cherry-Tree Lane heissen (wobei Mary Poppins allerdings noch nicht mit einem Museum beehrt wurde). Diese literarischen Adressen – die wohlgemerkt nichts weiter als fiktive Schauplätze sind – ziehen Hunderte von Besuchern an, die diese Örtlichkeiten andächtig abschreiten, im unerschütterlichen Glauben, dass ihre Romanhelden hier tatsächlich einmal gelebt hätten.

Auch Heidi hat eine Adresse: Sie wohnt im ‹Dörfli› oberhalb der entzückenden Ortschaft Maienfeld im Kanton Graubünden, deren malerischer Bahnhof aus dem Jahr 1858 ebenfalls ‹mythisch› ist und im Buch als Bindeglied zwischen der geliebten Bergwelt und der Stadt (Frankfurt: Heidis Leidensstätte) dient.

Leider war diese Adresse bis vor kurzem unauffindbar, sehr zum Leidwesen insbesondere der japanischen Touristen, die, kaum hatten sie schweizerischen Boden betreten, nur einen Wunsch kannten: das Chalet der kleinen Heldin zu besichtigen, deren hübsches Puppengesicht sie Hunderte von Malen im geliebten (japanischen) Zeichentrickfilm gesehen hatten. Zwar haben sie in ihren eigenen ‹Alpen› auch ein *Haiji no Mura*, ein *Heidi's Village*, wo man Schweizer Spezialitäten kosten, einen Schweizer Garten besuchen und sich sogar ‹nach Schweizer Art› trauen lassen kann. Doch das ist alles nur eine blasse Kopie. Was die Menschen sehen wollen ist das Original.

Nun gibt es seit 1953 tatsächlich ein Heidi-Denkmal: den *Heidibrunnen*, ein aus Naturstein gehauener Brunnen, der das Kind zeigt, wie es sich mit angestrengter Miene über einen Felsen stemmt und sich herunterbeugt, um den labenden Wasserstrahl zu erreichen. Es hat grosse Füsse und mächtige Hände, die von den Pilgern wie die Apostelstatue vor der Kathedrale von Santiago de Compostela zärtlich berührt werden. Eine Ziege, die kaum glücklicher als das Mädchen dreinschaut, findet mühevoll auf der rechten Seite des Felsens Halt. Die Nase des armen Kindes, von den Huldigungen seiner Fans schwer in Mitleidenschaft gezogen, musste schon zweimal ersetzt werden! In der Brunnenschale hat der Bildhauer Hans Walt-Koller ehrerbietig den Namen Johanna Spyri eingraviert.

Die Bündner Behörden mussten etwas unternehmen, um die Nachfrage der Touristen zu befriedigen. Nachdem sich einige Schweizer Regionen darum gestritten hatten, wer von ihnen die Bezeichnung *Heidiland* verdiene – einige glaubten, es genüge schon, als Drehort einer einschlägigen Fernsehreihe gedient zu haben – trugen schliesslich im Jahr 1997 die Ortschaft Bad Ragaz im Kanton St. Gallen und die benachbarte Bündner Gemeinde Maienfeld auf der gegenüberliegenden Seite des Rheins (und der Autobahn) den Sieg davon. Dies aus durchaus legitimen literarischen und biografischen Gründen: der Name Maienfeld (früher meist *Mayenfeld* geschrieben) kommt in der ersten Zeile des Heidi-Romans vor.

> Vom freundlich gelegenen, alten Städtchen Mayenfeld aus führt ein Fußweg durch grüne, baumreiche Fluren bis zum Fuße der Höhen [...] (S. 11)[2]

Johanna Spyri kannte diese Gegend von verschiedenen längeren Besuchen und Kuraufenthalten her. Briefdokumente deuten darauf hin, dass sie ihren Roman mit hoher Wahrscheinlichkeit in Jenins, einem Nachbardorf von Maienfeld, während eines Aufenthalts bei ihrer Freundin Anna Elisa von Salis-Hössli im Sommer 1879 verfasste. Auf ihren Spaziergängen liess sie sich auf Schritt und Tritt inspirieren und entdeckte zweifellos in diesem knorrigen Alten, der allein auf dem Berg oben hauste, oder jenem kleinen Geisshirten die lebenden Vorbilder für ihre Romanfiguren.

Nun galt es noch, das Haus, in dem Heidi wohnte, zu (er)finden. Dies geschah im Jahr 1998. Etwa einen Kilometer oberhalb von Maienfeld, nachdem man die berühmten Weinberge durchquert hat, führt ein sanft ansteigender Weg vom Hotel Heidihof durch eine idyllische Landschaft: Auf der einen Seite die majestätischen Gipfel des Falknis, auf der anderen der Pizol, wo sich ein *Heidiweg* befindet (ein Erlebnispfad mit Zeichnungen, auf denen die grossen Momente der Geschichte festgehalten sind), und auf einer Terrasse am steilen Hang des St. Margrethenbergs die barocke Klosterabtei von Pfäfers. Dazu im Tal unten die Kirchtürme, die Hotels und die Golfplätze von Bad Ragaz – alles passt wunderbar zusammen!

Die lange Kolonne der Heidi-Pilger bewegt sich langsam voran (immerhin steigt der Weg etwas an), die Gesichter konzentriert in Erwartung der Begegnung mit ihrer Schweizer Heldin; nur die Kinder – die naturgemäss besonders zahlreich vertreten sind – können ihre Aufregung kaum verbergen.

Trotz seines fiktiven Charakters – auch wenn manche behaupten, das berühmte Haus (oder eigentlich: Chalet) hätte Spyri, die hier Spaziergänge unternahm, durchaus inspirieren können – insistiert die vom Verkehrsbüro abgegebene Broschüre: «Herzliche Grüsse aus dem Original Heididorf und Heidihaus!». Und weiter: «Das Heididorf ist eine emotionale Zeitreise zurück in die Schweizer Bergwelt des späten 19. Jahrhunderts». Achtung, Nostalgie ist angesagt! Und schliesslich der Tipp: «Lassen Sie sich am Tisch neben Heidi oder an ihrem Bett fotografieren!».

Am Eingang zum Dörfli werden wir vom Gefühl der Authentizität überwältigt. Eine lebende Ziege – fraglos echt! – balanciert auf einem Holzpflock, einige Artgenossen laufen frei herum und nähern sich den Besuchern ohne jede Scheu, zur Freude von Jung und Alt. Ein ‹Heidishop› bietet, gemessen an der Bedeutung des Ortes, recht bescheidene Souvenirs feil: Küchentüchlein, Halstücher, T-Shirts, Geschirr, Ansichtskarten, Bücher und ein paar einheimische Spezialitäten. Alles mit dem Stempel *«The Original»* versehen und von einem Zertifikat in vier Sprachen (englisch, deutsch, italienisch, japanisch – französisch wurde vergessen) begleitet, das beglaubigt, dass es sich bei dem Artikel um ein *originales* Souvenir handelt, das im *echten* Heididorf in Maienfeld erworben wurde. Auch wenn man hier Dinge wie eine Heidipuppe im Geisha-Outfit findet, so können sich doch all diese Produkte damit brüsten, dass sie in der Schweiz – und nicht etwa in China oder Bangladesch – hergestellt wurden. – Wer würde nach alledem noch bezweifeln, dass Heidi wirklich einmal existiert hat?!

Nun ist es aber Zeit, das ‹echte› Heidihaus zu betreten. Kein Zweifel, hier wurde ganze Arbeit geleistet. Alte, dreckbeschmierte

Schuhe, die aussehen, als ob sie unzähligen Schneestürmen getrotzt hätten, sind an der Wand aufgereiht, daneben Skier, ein Schlitten und Schneeschuhe, die der Sammlung eines volkskundlichen Museums gut anstehen würden. Eine Puppe des Alm-Öhi, Tabakpfeife im Mund, ist mit Schreinerarbeiten beschäftigt; lebensgrosse Puppen von Peter und Heidi sitzen über eine Schiefertafel und ein Schulheft gebeugt am Tisch. Natürlich lassen wir uns zwischen ihnen sitzend fotografieren ...

Ich entdecke einen alten, von der Feuchtigkeit angegriffenen Keller mit Weinfässern, deren Zapfhahn man gerne öffnen würde, und im oberen Stock weitere Zimmer mit dem berühmten Bett Heidis. In einer Bibliothek sind Dutzende von Büchern ausgestellt: *Heidi* in alle erdenklichen Sprachen übersetzt. Auf dem Rundgang versorgt uns ein elektronischer Kommentar mit vielen nützlichen Informationen. Schautafeln mit biografischen Daten erlauben es uns, Johanna Spyris Leben historisch einzuordnen. Man erfährt nebenbei, dass sie keine glückliche Frau war.

Wer es sich noch zutraut, kann noch weiter und höher – exakt 1111 Meter – gehen, indem er einem von Nadelbäumen gesäumten Fussweg folgt und bis zu Heidis Alm wandert. Hier befindet sich ein grosses Chalet, das zur Wohnstatt des Grossvaters ausersehen wurde, wo sich der grösste Teil der Geschichte abspielt. Der Ort wurde in ein Café-Restaurant mit einer kleinen Terrasse für kälteresistente Gäste umgewandelt. Ihm haftet überhaupt nichts Künstliches an, was glücklicherweise auch für die meisten übrigen mit dem Roman verbundenen Schauplätze gilt. Auf dem Weg begegnen wir Holzskulpturen, die bestimmte Elemente der Erzählung in Erinnerung rufen. Die eindrücklichste davon zeigt den Rollstuhl der Frankfurter Freundin Klara, die Heidi auf der Alp besuchen kommt und dabei von ihrer Krankheit geheilt wird.

Bad Ragaz und das Schloss

Nach allen diesen Emotionen und mit dem Gefühl einer gesunden Müdigkeit freute ich mich, wieder in mein Hotelzimmer zurückzukehren. Ich hatte mich nicht für eine «Heidi»-Unterkunft entschieden, sondern im Hotel *Schloss*, einem historischen Gasthaus und, wie der Name sagt, ehemaligen Schlossgebäude ausserhalb von Bad Ragaz, ein Zimmer bezogen. Dieser wunderschöne Ort reizte meine Neugier, mehr über das ‹Heidiland› zu erfahren und auf meine Art am Heidikult zu partizipieren, indem ich zu den Ursprüngen dieses Mythos vorzudringen versuchte. Man erlaube mir also, einen Augenblick innezuhalten und die Geschichte dieses Ortes aufzurollen, die weder alltäglich noch sehr schweizerisch ist, da sie uns zunächst nach Panama führt.

Das Schloss wurde um 1890 vom Appenzeller Ingenieur Conrad Sonderegger erbaut, der den Spitznamen ‹Panama-Sonderegger› trug, weil er massgeblich am Bau des berühmten Panamakanals beteiligt war. Nach seiner Rückkehr in die Schweiz schilderte er in einem in französischer Sprache verfassten Buch, durch welche Hölle er im Zuge dieses Unternehmens gegangen war. Er kam als schwerreicher Mann und verheiratet mit der ecuadorianischen Aristokratin María Agrippina Zuluaga zurück.

Dieser hochangesehene und aussergewöhnliche Mann baute im Treibhaus des Schlosses exotische Pflanzen an. Sein Gebäude ist aber keineswegs eine Folie von spanischem Barock, sondern strahlt helvetische Solidität und Komfort aus mit seinen Ecktürmen, Säulengalerien und seinem rustikalen Bossenwerk. Raffinierter wirken daneben die Interieurs, die mit französischer Eleganz im Stile eines alpinen Versailles spielen. An das Schloss schliesst sich ein riesiger Park an, dessen eine Seite an die eindrucksvolle Felswand von Pfäfers grenzt. Der Föhn bläst durch die Weidenbäume, deren Äste sich über einem perfekt gepflegten Rasen beugen – das Ganze eine Symphonie der feinsten Abstufungen von Grün.

In den 1950er Jahren wurde die Anlage vom Touring-Club der Schweiz aufgekauft und mit Pavillons im Schlosspark ausgestattet; dies aufgrund eines neuen Hotelkonzeptes nach dem Muster des amerikanischen Motels, eines Übernachtungsangebots, wo die Gäste ihr Fahrzeug neben ihrem Bungalow für eine oder zwei Nächte abstellen konnten. Ein weiteres Hotel dieser Art wurde auch in Locarno in der Südschweiz errichtet. Den Touristen gefiel es aber so sehr an diesem idyllischen Ort, dass sie gerne auch eine bis zwei Wochen hier verweilten. Ferien *à l'américaine* waren nicht mehr gefragt, aber das *Schloss* hatte an Prestige gewonnen und durch die Erfindung des Heidilands wurde sein Geschäft zusätzlich angekurbelt.

Am Abend belustigten die treuen Kellner – die zum Teil schon seit über zwanzig Jahren dem Hause dienen – ihre ebenso treue Kundschaft mit kleinen Spässen, deren beide Seiten niemals überdrüssig zu werden scheinen. (Sie kriegen Fisch, nicht wahr? Ach so, Fleisch? Ja natürlich, bitteschön hier ist ihr Fisch – *saignant* – wie bestellt ...) und zählen bis drei, bevor sie die silberne Schutzglocke von zugedeckten Gerichten heben. Die mehrheitlich ältere Klientel quittiert solche Scherze mit herzhaftem Lachen.

Im strategisch richtigen Moment erscheinen Herr und Frau Zettel, das stets elegant gekleidete und sportlich gebräunte Gastgeberpaar des Hotels, und gehen von Tisch zu Tisch, um die Gäste in deren Sprache zu begrüssen und über das – in der Regel sehr wechselhafte – Wetter oder über den für den folgenden Tag geplanten Ausflug zu plaudern. Denn sie begnügen sich nicht damit, ihr Hotel perfekt zu führen, sondern nehmen Sommer und Winter, zu Fuss oder per Fahrrad, an den diversen Exkursionen teil, als lebende Werbeträger sozusagen für ein Heidiland, das gleichbedeutend mit Gesundheit und Erholung ist.

Jede Woche findet ein Aperitif mit Musikbegleitung statt und am Nationalfeiertag des 1. August wird die Schweizerfahne zu Alphornklängen gehisst. Das Ehepaar Zettel gibt, in traditioneller Tracht und mit dem strahlendsten Lächeln auf dem Gesicht, ein Tänzchen zum Besten, zur grössten Freude der versammelten Gäste. Und dann kommt der Augenblick, wo sie ihre beiden Töchterlein, ebenfalls für diesen Anlass speziell kostümiert, vorzeigen: zwei lebendige Püppchen, die für das perfekte, ideale Land des Heidi wie massgeschneidert wirken.

Kein Zweifel, dieses Hotel ist der Zeit enthoben, es entspricht dem Vorbild einer mythischen, ewigen Schweiz, wo jedermann ehrlich und liebenswert ist. Jeder Kunde erhält den Eindruck, ein privilegierter Gast zu sein, dem man ohne Ungeduld zuhört, wie er sein Leben erzählt und von seinen Erlebnissen des Tages und seinen gesundheitlichen Problemen berichtet (das dritte Alter erlebt man hier wie in einer Seniorenresidenz der Luxusklasse).

Ein Bummel durch Bad Ragaz bestätigt diesen Eindruck. Ein wilder Bergbach mit dem mozartisch klingenden Namen Tamina windet sich zwischen wunderbaren Holzhäusern mit geschnitzten, blumengeschmückten Balkonen hindurch. Alles ist sauber und wie aus dem Ei gepellt. Golfanlagen öffnen weite Räume bis hin zu den Bergen. Kein Geräusch ist zu hören ausser dem sanften Pfeifen der Golfbälle und dem charakteristischen Hornsignal des Postautos. Ein grosser Park entlang des Rheins, einige Kirchen – eine protestantische, eine katholische und eine neuapostolische – ein paar Tearooms und Bäckereien, die Butterzöpfe, Nusstorten und Strudel anbieten, und natürlich die ruhigen, komfortablen Luxushotels, wo man gerne einkehrt, um sich aufzuwärmen.

Aber abgesehen von Heidi besteht die wichtigste Attraktion des Ortes in den kürzlich verschönerten Thermen, deren weisses Hauptgebäude mit den riesigen Glasfenstern wie ein Flughafenterminal der Vereinigten Emirate anmutet.

Entdeckt wurde die Thermalquelle im Jahr 1242 von Jagd treibenden Mönchen der nahen Benediktinerabtei von Pfäfers. In der Zwischenzeit wurden die Bäder von berühmten Gästen aufgesucht, die von deren heilender Wirkung profitieren wollten: 1535 Paracelsus als Badearzt, der Reformator Zwingli, später der Philosoph Schelling, Victor Hugo, J.F. Cooper (der Verfasser des Romans *Der letzte Mohikaner*), Hans Christian Andersen, Friedrich Nietzsche, Thomas Edison, Rainer Maria Rilke, Thomas Mann, Hermann Hesse und viele andere, nicht zu vergessen die Autorin von *Heidi*, Johanna Spyri, ihre Mutter und ihr Sohn.

Ein gelbes Postauto fährt die Besucher zur Station Altes Bad Pfäfers, wo ein in einem alten Haus aus dem 18. Jahrhundert untergebrachtes Museum, direkt neben einer hübschen barocken Kapelle, die Geschichte der Bäder erzählt. Von hier führt ein Fussweg zum Eingang der imposanten Taminaschlucht, in der die Felswände so viel Feuchtigkeit ausschwitzen, dass man sich wundert, weshalb dieser Ort der Gesundheit so förderlich sein soll.

Alte Stiche zeigen, wie man in früheren Zeiten Besucher, die tief in die Schlucht eintauchen wollten, mit an Seilen befestigten Körben oder Netzen absenkte. Oft musste man ihnen die Augen verbinden, um ihnen den grauenvollen Blick ins Bodenlose zu ersparen. Man beliess sie manchmal sechs oder sieben Tage in den tiefen Felslöchern, aus denen das schwefelhaltige Wasser sprudelte. Die Holzhäuser, die man im Spätmittelalter am Rand der Schlucht erbaute, wurden im 17. Jahrhundert nach ausserhalb verlegt; hundert Jahre später wurde schliesslich die Anlage errichtet, die noch heute zu sehen ist. 1840 wurde das Quellwasser in Holzkanälen bis ins Dorf Ragaz geleitet, wo 1858 ein Thermalbad erbaut wurde. Dies war der eigentliche Beginn von Bad Ragaz.

Es ist schwierig, sich die glorreichen Tage der Taminaschlucht vorzustellen. Falls sie solche gekannt hat, hätte man wohl unsere würdige Johanna Spyri sehen können, wie sie am Seil hängend über den tosenden Wassern pendelte oder, ein noch erstaunlicheres Bild, wie ihre ehrwürdige Mutter, Meta Heusser, als passionierte Kurliebhaberin in der Tracht einer viktorianischen Gouvernante mit Rüschenhäubchen auf dem Kopf und in einen dicken schwarzen Rock gehüllt in den Lüften schwebte ... Ab der Mitte des 19. Jahrhunderts waren die Taminabäder dann aber leichter zugänglich und schon fast komfortabel zu nennen.

Heute erreicht man über einen in den Fels getriebenen Tunnel eine kleine Grotte, in der man die kostbare Flüssigkeit direkt aus dem Hahn trinken kann – ein warmes, schwefliges Wasser von seltsamem Geschmack. Manche Leute füllen sich damit ihre mitgebrachte Feldflasche. Ich trinke ein wenig davon, ohne grosses Vergnügen zwar, aber überzeugt, dass es meiner Gesundheit nur gut tun kann. Genau wie Milch oder Wasser der Marke «Heidi»?

Heidi wirkt auf Fälle verkaufsfördernd. Milchprodukte, ein Mineralwasser, Kosmetikprodukte, Kaffee, Wein, Schokoladen trumpfen mit ihrem Namen auf. Es gibt sogar eine Kleidermarke, die für ihr Logo das Gesicht unserer Heldin verwendet, in stilisierter Form und oft provokant und bösartig verzerrt (etwa als *Lookalike* des berühmten Che-Porträts). Die Luzerner Sängerin Priska Zemp hat den Künstlernamen *Heidi Happy* gewählt, weil sie wie die Romanfigur die Berge liebt und von einer Welt träumt, in der es nur gute Menschen gibt.

Heidi ist Garantin für Reinheit und Authentizität. Abgesehen von den erwähnten Nebenprodukten hat sich die ganze Film- und Comicindustrie seit langem der kleinen Schweizerin bemächtigt.

Zu nennen unter den grossen Klassikern sind hier etwa Allan Dwans Film von 1937 mit Shirley Temple, der Film von Luigi Comencini von 1952, der 1974 gedrehte japanische Zeichentrickfilm von Isao Takahata, die deutsch-schweizerische Fernsehserie von 1978 mit Katja Polletin in der Hauptrolle und viele andere Produktionen, die das Gesicht des kleinen Mädchens im kollektiven Bewusstsein geprägt haben.

Schon diese kurze Aufzählung lässt den universellen Charakter dieser an sich typisch schweizerischen Heldin ahnen. Fast könnte man sagen, dass Heidi die Globalisierung vorweggenommen hat. So unterschiedliche Völker wie Japaner, Amerikaner oder Spanier liessen sich gleichermassen von unserem Kind der Berge faszinieren. Ich habe zum Beispiel gelesen, dass der japanische Heidi-Film 1976 in Spanien zu Protestaktionen führte. Dies nicht etwa um den Film von der Leinwand abzusetzen, ganz im Gegenteil; es wurde verlangt, dass er nicht nur im Nachmittagsprogramm für Kinder, sondern auch abends zur Hauptspielzeit gezeigt werde, damit auch die Erwachsenen das Werk sehen konnten. Ein Stadtrat auf den Kanarischen Inseln verkürzte sogar seine Sitzungen, damit alle Mitglieder rechtzeitig zu Hause sein konnten, um Heidis Abenteuer an ihren Fernsehgeräten zu verfolgen. Und wenn Sie an einem Heidi-Festival teilnehmen wollen, müssen Sie nach New Glarus im US-Staat Wisconsin reisen, wo seit 1965 jeden Juni ein solcher Anlass stattfindet, an dem von Spyris Roman inspirierte Theaterstücke unter Mitwirkung lebender Ziegen und Katzen aufgeführt werden. Auf einer Kalifornienreise entdeckte ich in einem Trödlerladen in der Steinbeck-Stadt Salinas neben Stevensons *Schatzinsel* und den *Bobbsey Twins* zwei alte amerikanische *Heidi*-Ausgaben und zwei *Heidi*-Fortsetzungen von Charles Tritten – ein Indiz dafür, dass die schweizerische Saga zum Kulturerbe jedes kleinen Kaliforniers und wahrscheinlich auch vieler anderer amerikanischer Kinder gehört.

Heidi ist offenbar eine unerschöpfliche Inspirationsquelle für Literatur, Kino, Fernsehen, Comics, Theater, Chanson und Musical. Vor einiger Zeit war am Fernsehen eine Serie[3] zu sehen, mit einer Gymnasiastin namens Heidi in der Hauptrolle, die in der modernen Welt gut verankert war, gleichzeitig aber auch die typischen Heidi-Qualitäten der Ehrlichkeit und der Liebe zur Natur verkörperte. Die junge Frau suchte täglich ihr Chalet in den Bergen auf, um sich ihrem Kampf gegen die bösen Immobilienmakler zu widmen.

Eine der vorerst letzten von diesem Roman inspirierten Produktionen war das zweiteilige *Heidi*-Musical, das zwischen 2005 und 2007 vor der grandiosen Kulisse des Walensees, zwanzig Minuten von Bad Ragaz entfernt, aufgeführt wurde. Die Aufführung war ein durchschlagender Erfolg, einerseits aufgrund der überragenden schauspielerischen und sängerischen Leistungen dieser Broadway-würdigen Produktion, anderseits dank des intelligenten Skripts von Shaun McKenna, der auf geschickte Weise die Geschichte des Bergkindes mit dem persönlichen Lebenslauf Johanna Spyris verband. Das grosse Verdienst dieser Inszenierung nach einem Konzept von John Havu und Stefan Mens und mit der Musik von Stephen Keeling lag darin zu zeigen, dass Heidi, die bekannteste Protagonistin der Schweiz, nicht der örtlichen Folklore entstammt, sondern von einer Frau geschaffen wurde, die von den Intellektuellen und vom breiten Publikum in der Regel nicht wahrgenommen wird, bei der es sich aber um eine ausserordentlich komplexe und faszinierende Persönlichkeit handelt, eine Zeitzeugin, die Freundschaften mit Schriftstellern und Komponisten ihrer Epoche pflegte.

Johanna Spyri (1827–1901) – eine komplexe Persönlichkeit

Beim Stichwort ‹Heidi› denken viele unweigerlich an Kinder- oder Mädchenbücher und stellen sich vor, dass diese Romanfigur wohl von einer biederen Deutschschweizer Hausfrau zwischen zwei Strickarbeiten oder zwei Wäschen erdacht worden ist. Darüber mag man lächeln, aber wer sich die Mühe macht, sich etwas näher mit dieser Autorin zu befassen, wird erstaunt feststellen, dass Johanna Spyri die Tochter der grossen mystischen Dichterin Meta Heusser war, dass sie mit dem Schriftsteller Conrad Ferdinand Meyer ebenso wie mit Richard Wagner Umgang pflegte, dass sie im Zürich der Mitte des 19. Jahrhunderts ein bürgerliches Leben führte und mit ihrem Gatten, einem musikbegeisterten Rechtsanwalt, in den ehrwürdigen Räumen des Rathauses illustre Gäste empfing. Ihre Lektüre erschöpfte sich keineswegs in Büchern für junge Mädchen, vielmehr las sie Lessing, Goethe, Gottfried Keller, Annette von Droste-Hülshoff und schätzte auch die Romantik, Homer, religiöse Dichter und Verfasser von Kirchenliedern wie Paul Gerhardt. Um ihr Leben ranken sich Geheimnisse, Legenden und Fragen. Einige wollen wissen, dass sie Richard Wagner – allzu? – nahestand, andere behaupten, sie habe alle ihre Manuskripte und Briefe verbrannt, damit man nichts über ihre Person erfahre; wieder andere beschreiben sie als schwer depressiv, aber auch tief religiös: sie habe sich in einen strengen, starren Protestantismus geflüchtet. Dies steht in merkwürdigem Gegensatz zur Lebensfreude ihrer kleinen Heldin. Wie auch immer: weder die Dame von Welt noch die engstirnige Pietistin entsprechen dem Bild, das man sich gemeinhin von der Schöpferin Heidis macht. Johanna Spyri schrieb auch nicht nur *Heidi*; ihr Schaffen umfasst knapp fünfzig Werke, von denen sich zweiunddreissig an Kinder, elf an Erwachsene und fünf an junge Mädchen richteten.

Spyris Leben spielte sich nicht im Heidiland ab: ihre ersten Schritte machte sie weder in Maienfeld noch in Bad Ragaz, sondern rund hundert Kilometer davon entfernt. Um zu den Wurzeln der Schriftstellerin zu gelangen, müssen wir uns nach Hirzel im Zürcher Oberland, auf halbem Weg zwischen Zug und Wädenswil, begeben. Das Dorf liegt auf 700 Meter Höhe zuoberst auf dem gleichnamigen Hügel in einer grünen, gewellten – oder besser gesagt: buckligen – Landschaft, einem der wichtigsten Moränen- und Moorgebiete der Schweiz. Moränen sind Felsablagerungen, die beim Rückzug von Gletschern entstanden, und die seltsame walfischrückenartige Erhebungen, sogenannte *Drumlins*, bilden können. Wir sehen eine lange Reihe dieser sanft gerundeten Hügelchen, auf denen jeweils eine einzelne Linde steht. Es scheint, als ob sie miteinander in einem Schönheitswettbewerb stünden und mit dem Baum auf dem Nachbarhügelchen wetteifern wollten, ein Schauspiel, das sich endlos wiederholt. Es sind sogenannte *Erinnerungsbäume*, die zum Gedenken an ein Ereignis, etwa die Geburt eines Kindes, gepflanzt wurden. Ein schöner Brauch: ob Johanna Spyri hier wohl auch ‹ihren› Baum hat? Rund 1600 Seelen wohnen nicht ohne Stolz in Hirzel (oder, wie die Einheimischen sagen, «im Hirzel» oder «auf dem Hirzel») – was etymologisch ‹Suhle der Hirsche› bedeutet – ein wunderschöner, aber ziemlich abgelegener Ort, den Johannas Mutter wegen seiner Abgeschiedenheit von jeglichem kulturellen Leben spöttisch-bitter ‹Sibirien› nannte. Hier also erblickte Johanna Louise Heusser am 12. Juni 1827 als viertes von sechs Kindern Johann Jakob Heussers und Meta Schweizers das Licht der Welt. Meta war die Tochter des Dorfpfarrers Diethelm Schweizer, der hier während achtundzwanzig Jahren wirkte und dessen starrer Konservatismus das Leben der Gemeinde stark prägte. Vollkommen unempfänglich für Gedankengut, das von der französischen Revolution inspiriert war, focht er einen erbitterten Kampf gegen die ‹Gottlosen›. Johannas Vater war Dorfarzt im Hirzel, aber kein gewöhnlicher Allgemeinpraktiker, sondern gleichzeitig auch Chirurg und Psychiater. Er führte in seiner Praxis Operationen durch und nahm psychiatrische Patienten bei sich auf. Die Mutter, die ihrem Gatten bei der Versorgung der Patienten half, widmete sich der mystischen Poesie und dem Verfassen geistlicher Lieder. Da sie sehr beschäftigt war, trat sie zuweilen ihre Mutterrolle an ihre Schwester, ‹Tante Regula›, ab. In Spyris Romanen erkennt man Letztere in den Charakterzügen gütiger Grossmütter wieder, die die abwesenden oder verstorbenen Mütter ersetzen. Wir haben es mit einem sehr ländlichen, konservativen Milieu zu tun, in dem der Protestantismus eine überragende Rolle spielt, und gleichzeitig mit einem Kreis von Personen, die sich in der Literatur, insbesondere der romantischen, gut auskennen, eine ‹pluridisziplinäre› Medizin praktizieren und gerne das Heilpotenzial von Kurorten wie Bad Ragaz nutzen. Christliche Wohltätigkeit, Pietismus, tägliche Begegnung mit Schmerzen, Krankheit, Wahnsinn, Psychosen – dieses menschliche Universum sollte die Schöpferin von Heidi immer wieder in ihren Werken dichterisch verarbeiten. Spyri, die sich Zeit ihres Lebens nie für eine Biografie oder eine Autobiografie hergeben wollte, sagte sehr deutlich, dass man diesbezüglich alles Wichtige in ihren Büchern finden könne.

Tatsächlich schwankte Spyris Leben ständig zwischen Öffnung und Rückzug, wie zwei Beispiele aus ihren im Hirzel verbrachten Jugendjahren deutlich bezeugen. Johanna hegte grosse Sympathien für Pfarrer Salomon Tobler, an dessen Schulunterricht sie mit Begeisterung teilnahm. Tobler, der liberal und fortschrittlich gesinnt war und sich für David Friedrich Strauss, den neuen, umstrittenen Professor an der Universität Zürich, engagierte, fiel dieser theologischen Kontroverse schliesslich zum Opfer und wurde auf Betreiben von Johannas Familienclan mundtot gemacht. Das zweite Beispiel: Als junges Mädchen fühlte sich Johanna zu dem Studenten Heinrich Leuthold hingezogen, einem Dichter und Atheisten, der das pure Gegenteil der bürgerlichen Konventionen und religiösen Überzeugungen der Familie Heusser verkörperte. Die aufkeimende Leidenschaft wurde von Meta hintertrieben, für deren Empfinden der Anwärter auf Johannas Liebe zu umstürzlerisch war, auch wenn ihn Gottfried Keller als einen der bedeutendsten Schweizer Dichter bezeichnete.

Der übermässig aufbrausende Poet sollte seine Tage als Insasse des Burghölzli beenden, der berühmten Zürcher Psychiatrieklinik, die in der Entwicklung neuer psychiatrischer Behandlungs- und Forschungsmethoden anerkanntermassen eine Pionierrolle innehatte.[4] Stets war es die traditionalistische Sicht der Familienumgebung, die letztlich obsiegte und der Johannas Aufschwünge und Leidenschaften zum Opfer fielen. Wenn sie nicht in Schwermut oder starren Pietismus verfiel, flüchtete sich Johanna in die Lektüre, die Musik oder in das Zwiegespräch mit der Natur.

Neben der Gegend um Maienfeld und Bad Ragaz ist das Zürcher Dorf Hirzel eine weitere obligatorische Etappe einer Heidi- oder Spyri-Pilgerreise. Die ehemalige Dorfschule, die die kleine

Johanna von 1833 bis 1841 besuchte – ein wunderschönes Fachwerkhaus aus dem 17. Jahrhundert, mit Satteldach und grünen Fensterläden – beherbergt das Johanna Spyri Museum.

Im Eingangsbereich betreten wir zunächst eine Art Puppenhaus, einen krippenähnlichen und mit Stroh ausgekleideten Raum, der ein Chalet im Dörfli repräsentiert; hier erkennen wir neben Heidi den Grossvater, Peter mit seinen Ziegen und Klara in ihrem Rollstuhl, umgeben von allen möglichen Utensilien des Bergbauernalltags. Fotos und Porträts von Johannas Angehörigen, Briefe, Werkausgaben und verschiedene Derivate unterstreichen die spektakuläre Berühmtheit des weltbekannten Romans.

Weiter unten führt ein von Mäuerchen umgebener, gepflasterter Weg an einem hübschen Brunnen vorbei zum ehemaligen Pfarrhaus mit seinem prächtigen Garten und seiner eleganten kleinen Vorhalle, wo auf einem Schild zu lesen ist, dass hier die Dichterin Meta Heusser-Schweizer (1797–1876) geboren wurde. Nicht weit davon entfernt markiert die reformierte Kirche von 1617 mit ihrem spitzen Glockenturm deutlich die Präsenz des Protestantismus an der Grenze zur überwiegend katholischen Zentralschweiz. (Das berühmte barocke Kloster Einsiedeln befindet sich in nur rund 20 km Entfernung). Auf der schönen hölzernen Kanzel aus dem 17. Jahrhundert sprach einstmals Diethelm Schweizer, dessen Predigten Leben und Denken der Gemeinde Hirzel nachhaltig prägten. Nachdem wir eine kleine Strasse überquert haben, gehen wir die Toktergasse hoch zum Tokterhuus (Haus des Doktors, nämlich Johann Jakob Heussers), wo Johanna Spyri 1827 geboren wurde. Mit seinem Vordach aus hellblauem Fachwerk auf der ganzen Länge beeindruckt das Gebäude durch seine Ausmasse und seine schöne Lage.

Auch wenn man das Haus nicht betritt, kann man sich das emsige Leben und Treiben, das früher in diesem geräumigen Wohnsitz geherrscht haben muss, lebhaft vorstellen, denn hier wohnten über fünfzehn Familienmitglieder unter einem Dach mit dem Dienstpersonal und den «Irren» (wie sie Meta in ihren Aufzeichnungen, der *Hauschronik* und den *Memorabilien*, nannte: psychisch Kranke und Demente, die oft mehrere Monate hier weilten). Somit war das Haus auch eine Art Landklinik mit Zimmern und einem Operationssaal in einem Nebengebäude.

Ein Abschnitt aus Spyris Erzählung *Wo Gritlis Kinder hingekommen sind* mag uns eine Vorstellung davon vermitteln, wie es im Doktorhaus zugegangen ist:

> Vor allem die Kinder mit all ihren Freuden und Schmerzen, ihren Wünschen und Bedürfnissen, dann die Kranken, die von nah und fern ins Haus kamen, und endlich alle Trost- und Hilfsbedürftigen der ganzen Umgegend, die mit allen ihren Bedrängnissen dahin kamen, wo sie einer warmen Teilnahme und der Unterstützung mit Rat und Tat allezeit sicher waren. (S. 31-32)

Trotz der heilen Kinderwelt, die hier beschworen wird, verschweigt Meta nicht, dass die Alltagswirklichkeit nicht ganz so idyllisch war und dass diese Art von Wohngemeinschaft «ein Familienleben [durchaus hätte] zerstören» können.

In dieser Umgebung vollbrachte Doktor Heusser – selber Sohn eines Naturheilers, der für die Leute der *Wunderdoktor* war – als Arzt wahre Wunder, denn er stand im Ruf, Kranke und Verunfallte – gelegentlich sogar Schwerverletzte – mit den in seiner Praxis verfügbaren Mitteln äusserst erfolgreich zu behandeln. Man operierte damals ohne Anästhesie und es wurden häufig Amputationen vorgenommen. In dieser schönen Landschaft waren gewiss hin und wieder gellende Schreie zu vernehmen – die manchmal wohl auch an Johannas Ohr drangen – nicht zu reden vom Gejammer der psychisch Krankten, die hier ebenfalls, offenbar mit guten Ergebnissen, nach ziemlich archaischen, auf der Lehre vom Gleichgewicht und Fliessen der Körpersäfte basierenden Methoden gepflegt wurden. Bis zum Beginn des 19. Jahrhunderts wurde diese aus der Antike überlieferte Theorie immer noch von Ärzten wie z.B. Pierre Jean Georges Cabanis (1757–1808) vertreten, der die Melancholie auf die «Ausschüttung korrodierender Säfte» zurückführte.

Auch die Heusser-Kinder mussten ihren Beitrag leisten, indem sie sich unter die Patienten mischten, ihnen vorlasen, mit ihnen Spiele spielten und Spaziergänge in eine Natur unternahmen, die ebenfalls eine Quelle der Gesundheit war. Um das Bild zu vervollständigen, müssen wir auch die Bedeutung der praktischen christlichen Nächstenliebe erwähnen, eine Aufgabe, die Meta wahrnahm, indem sie die Patienten mit Rat und Tat unterstützte und mit ihnen betete. Und damit befinden wir uns schon ganz nahe der Welt von *Heidi*!

Nebst ihrem Geburtsort Hirzel und der Gegend um Bad Ragaz und Maienfeld besuchte Johanna gerne auch die Westschweiz, namentlich Yverdon und Montreux, sowie Oberitalien. Sie empfand eine tiefe Verbundenheit mit der alpinen Landschaft, gleichviel ob diese in der Schweiz, in Deutschland, Österreich oder Italien lag. Die Alpen waren ihr Lebensraum und ihre Inspiration.

1852 heiratete sie den Zürcher Juristen Johann Bernhard Spyri, Rechtsanwalt und Redaktor der *Eidgenössischen Zeitung*, diesmal mit dem Segen Metas, für die diese neue Verbindung gleichsam als Sühne für Johannas ketzerische Beziehung zu Leuthold erscheinen musste. Im Bürgertum der Stadt bequem installiert, begannen für Johanna nun glanzvolle Jahre im Zeichen der Mondänität. Das Paar nahm an literarischen Runden teil, besuchte Conrad Ferdinand Meyer, Gottfried Keller und Richard Wagner, der von 1849 bis 1858[5] als Flüchtling in Zürich weilte und den Johann Bernhard glühend verehrte. Dieser strenge und höfliche Gatte wurde bald Stadtschreiber und das Paar bewohnte von 1868 bis 1885 das ehrwürdige Stadthausgebäude.

War dies nun die Krönung eines sozialen Aufstiegs und einer ‹guten Partie›? Leider nein. Wie die kleine Heidi in Frankfurt fühlte sich Johanna in der Stadt nicht wohl. Sie wurde ihres Lebens nicht froh an der Seite dieses nicht sehr warmherzigen Menschen, der bei Tisch schweigend seine Zeitung las. Selbst die Wagner-Begeisterung ihres Gatten richtete sich am Ende gegen sie, denn um ihm zu gefallen, schrieb sie anlässlich von Wagners vierzigstem Geburtstag am 22. Mai 1853 ein ziemlich pompöses Lobgedicht, was in der gehobenen Gesellschaft Zürichs für Gerüchte sorgte. Frau Meyer, überzeugte Anti-Wagnerianerin, geht in einem ihrer Briefe so weit zu behaupten, die «arme Johanna» habe «ihr Knie vor einem Baalspriester gebogen». Die üblen Gerüchte hielten sich und eines Tages soll der gestrenge Gatte Johanna in seinem Haus allein mit dem Komponisten angetroffen haben – worauf sich seine Beziehung zu Wagner und seine Wagner-Begeisterung deutlich abkühlten.

Johanna fühlte sich vernachlässigt und unverstanden. Die Geburt ihres einzigen Sohnes, Bernhard Diethelm, im Jahr 1855 war für sie gewiss ein frohes Ereignis, aber ihre Schwangerschaft erlebte sie als den Tod ihrer frühen Jahre. Ihre Rolle als aufmerksame Gattin und perfekte Hausfrau lastete schwer auf ihr und sie fühlte sich im Kreis der Zürcher Gesellschaft, wo sie manchen Formfehler beging, nicht wohl. Eigentlich erstaunlich: sie, die in ihren Erzählungen das Hohelied der Häuslichkeit und eines ordentlichen geführten Haushalts singt, schien dieses «Dienstbotenleben», wie sie selbst es nannte, zu verabscheuen. Sie brach zusammen, wurde krank und depressiv. Zuflucht fand sie in einem pietistischen Zirkel, der von Frau Meyer geleitet wurde, der mütterlichen Freundin, von der sie wegen ihres Fauxpas mit Wagner so scharf getadelt worden war. Schon seit einiger Zeit hatte Johanna diesen Salon besucht, dessen Mitglieder sich gleichzeitig literarisch und karitativ betätigten. Mondänität und Wohltätigkeit gingen hier Hand in Hand: man las gemeinsam die Bibel, sang Kirchenlieder, unterstützte Arme, Kranke, Kinder, die in ihrer Entwicklung gefährdet waren – lauter Unglückliche, die bald Hauptfiguren in Johannas Büchern werden sollten. Man könnte sagen, hier wurde Spyri von der engstirnigsten und konservativsten Komponente ihrer Kindheit auf dem Hirzel eingeholt, einer Komponente, die auch einen Teil ihres schriftstellerischen Werkes ausmacht.

Erneuter Schock: Frau Meyer, Spyris Vorbild und Lenkerin ihres Gewissens, wurde in eine Irrenanstalt eingewiesen und ertränkte sich wenig später im Neuenburgersee. Ein traumatisches Erlebnis für Johanna, die mit den beiden Kindern der verstorbenen Freundin, Betsy und Conrad Ferdinand, umso stärker verbunden blieb. Ihre Briefe an die Tochter Betsy[6] verraten ein enormes Liebesbedürfnis und eine grosse Anhänglichkeit: «mich verlangt sehr von Herzen nach dir» (undatiert), «Ich sehne mich Dich zu sehn» (7. Februar 1858), «daß die Zeit wieder kommen wird, da wir wieder zusammen sein [...] u. es genießen können, daß wir zusammen gehören» (27. September 1867). Stets zeigte sich Johanna besorgt, ihre Freundin so bald als möglich wiederzusehen oder einen Brief von ihr zu erhalten. So persönlich und leidenschaftlich sind diese Briefe, dass Johanna Betsy später bat, sie zurückzuschicken, als ob sie alle Spuren dieser Beziehung hätte tilgen wollen.

War Spyri gegenüber ihrer Freundin wohl zu besitzergreifend, zu aufdringlich (wie sie dies dem Gerücht zufolge gegenüber jüngeren Frauen oftmals war)? Jedenfalls lockerte sich ihre Beziehung nach und nach. Betsy blieb unverheiratet und widmete sich in der Folge intensiv fürsorgerischen Aufgaben, insbesondere der Begleitung von Frauen, die in Zürcher Strafanstalten inhaftiert waren. Schliesslich verschrieb sie sich ganz der Betreuung von Gemütskranken in einer psychiatrischen Klinik – womit wir wieder beim Thema psychische Erkrankungen sind, das Spyri lebenslang beschäftigen sollte.

Dank ihres Sohnes, eines sehr humorvollen und musikalisch hochbegabten Jungen, fand Johanna allmählich zur Lebensfreude zurück und entdeckte die Lust am Schreiben, was nicht weiter erstaunt bei einer Frau, die von jeher eine wahre Leidenschaft für das Studieren und für die Beschäftigung mit Sprachen und Literatur hatte. Von 1871 bis zu ihrem Todesjahr 1901 schrieb und publizierte Johanna Spyri ohne Unterbruch und brachte praktisch jedes Jahr ein neues Buch heraus. Das erste war ein Buch für Erwachsene mit dem Titel *Ein Blatt auf Vrony's Grab* (1871), eine düstere Geschichte über das tragische Schicksal einer unglücklich verheirateten Frau, die von ihrem alkoholkranken Gatten geschlagen wird und sehr früh stirbt. Auf dieses Buch folgten vier ebenfalls für Erwachsene geschriebene Erzählungen von stark autobiografischem Gehalt. Ab 1878 wandte sich Spyri jedoch entschieden an ein junges Lesepublikum mit ihren neuen Geschichten «für Kinder und solche, die Kinder lieb haben». Die Periode von 1879 bis 1884 ist die fruchtbarste, mit nicht weniger als zwanzig Erzählungen, deren berühmteste – *Heidi's Lehr- und Wanderjahre* (1880) – ein Jahr später mit dem Fortsetzungsband *Heidi kann brauchen, was es gelernt hat* vervollständigt wurde.

Der Roman erlebte sofort einen durchschlagenden Erfolg. Die beiden Bände wurden bereits 1882 unter dem Titel *Heidi* und *Encore Heidi* ins Französische übersetzt, 1884 folgte eine englische Übersetzung – das Buch wird schliesslich in über fünfzig Sprachen übertragen – und Spyri wurde zu einer bekannten und hochangesehenen Schriftstellerin. Davon zeugt nicht zuletzt ihr Briefwechsel mit dem bereits erwähnten grossen Deutschschweizer Dichter und Schriftsteller Conrad Ferdinand Meyer (1825–1898). Doch auch dem schriftstellerischen Schaffen C. F. Meyers setzte ein psychisches Leiden ein jähes Ende. Fast will es scheinen, als habe die Verzweiflung am Leben wie eine ständige Bedrohung über Spyris Umfeld geschwebt.

Spyris Briefwechsel mit C.F. Meyer zeugt vom innigen Vertrauensverhältnis der beiden Schriftsteller, in dem jeder seine Kommentare und Einschätzungen der Werke des anderen äussert und sich da und dort über eine stilistische Schwäche oder einen sprachlichen Manierismus des anderen aufhält. Meyer lobt Spyris Fähigkeit, aus «nichts» etwas Schönes zu machen. Die Lektüre *Heidis* begeistert ihn: er sagt, er habe manches gelernt dabei, spricht von einem «jungen und frischen Eindruck», lobt ihr «glückliches Naturell», findet Gefallen an der «kräftigen Durchführung» Heidis bei all ihrer Naivität und äussert sich auch anerkennend über die Darstellung Peters, die die Grenze zur Albernheit streife, ohne sie aber je zu überschreiten. Spyri ist fast ein wenig erstaunt über diesen Enthusiasmus für etwas, was sie bescheiden «Kalendergeschichten»[7] nennt.

Zu diesem Tableau illustrer Persönlichkeiten gesellte sich 1898 Sigmund Freud, begeisterter Leser von C.F. Meyer, dessen Novelle *Die Richterin* (1885) er zum Anlass nahm, in einem Aufsatz erstmals ein literarisches Werk psychoanalytisch zu deuten.[8] Meyers Text inspirierte ihn zu seinem Konzept des *Familienromans* und, wie einige meinen, auch zum Begriff des *Unheimlichen*, der für die Entwicklung der Psychoanalyse nicht ohne Folgen blieb. Übrigens hatte Spyri diesen Ausdruck fünf Jahre vor Meyers *Richterin* in ihrem Roman im Zusammenhang mit dem Geisterspuk in Frankfurt verwendet.

Freud als Überraschungsgast auf der Alm? Heidi an den Quellen des Freud'schen Unbewussten? Auf dieses Thema werden wir später zurückkommen.

Die grosse Begabung unserer Autorin trug ihr bei einem zeitgenössischen Kritiker gar das Prädikat «Frau Gottfried Keller» ein. Wenn Spyris märchenhafte Geschichten auch wenig mit Kellers Realismus gemein haben, so wäre es immerhin doch denkbar, dass sie sich von der Beschreibung von Vrenchen in der Novelle *Romeo und Julia auf dem Dorfe* (1856) inspirieren liess, denn dieses Mädchen trug wie Heidi «ganz krause dunkle Haare».

Spyris unerwarteter Ruhm wurde durch zwei tragische Ereignisse überschattet: 1884 verstarb ihr Sohn Bernhard Diethelm, der schon immer von zarter Gesundheit gewesen war, im Alter von nur 29 Jahren; einige Monate später verschied auch ihr Gatte. Nachvollziehbar also, dass sich bei ihr eine Obsession mit Krankheit und Tod entwickeln konnte, die sich in den meisten ihrer Werke widerspiegelt. Ihre Schriftstellerei gab sie jedoch mitnichten auf, denn diese war für sie bereits eine Art Rettungsanker geworden.

Heidi – neu gelesen

Der Zauber der Alp

Alle kennen die Geschichte von Heidi – oder meinen sie zu kennen. Jeder von uns hat mindestens eine der Verfilmungen des Romans gesehen. Kindheitserinnerungen verlieren sich zwischen den Bildern eines kleinen Mädchens inmitten von Alpweiden, einer tief verschneiten Berghütte, eines Grossvaters, der seine Pfeife raucht. Alte Erinnerungen, Träume, versunken und vage ... Die Geschichte ist im Grunde so einfach, dass man sie in einem einzigen Satz zusammenfassen könnte: Ein kleines Mädchen erfährt das Glück, in den Bergen zu leben, und strahlt dieses wunderbare Gefühl in seine Umgebung aus. Ja, alle kennen *Heidi*, aber wer hat das Buch wirklich gelesen? Wer hat es mit kindlichem Herzen und den Augen eines Erwachsenen gelesen? Eben dies wollen wir im Folgenden versuchen, indem wir ohne Hast die Seiten dieses berühmten Romans umblättern, der so manche Überraschung für uns bereithält.

Beginnen wir mit der Lektüre. Im ersten Kapitel wird Heidi als kleines, dick eingemummeltes Wesen eingeführt, das sich auf einem Pfad oberhalb Maienfelds an der Seite seiner Tante Dete, Zimmermädchen in Bad Ragaz, «mühsam den Berg hinaufarbeitet» (S. 12). Dete wurde soeben eine Stelle in Frankfurt bei «Herrschaften» angeboten, die sie während deren Hotelaufenthalts in der Schweiz bedient hatte.

*

Zwei Welten treffen hier aufeinander: die der reichen Kurgäste und die der Dienstboten und Bergbauern. Letztere waren häufig gezwungen, ihr Glück entweder in der Stadt oder im Ausland – in diesem Fall in Deutschland – zu suchen. Viele wanderten sogar nach Amerika aus. Zwischen 1850 und 1888 verliessen über 200 000 Schweizerinnen und Schweizer das Land, eine Entwicklung, die in den 1880er Jahren, der Entstehungszeit von *Heidi*, ihren Höhepunkt erreichte. Detes neue Lebensperspektive ist das entscheidende Moment, das die Romanhandlung in Gang setzt. Bei Spyri geht immer alles sehr schnell und einige Kommentatoren haben denn auch auf ihre rasche Produktionsweise hingewiesen (*Heidi* verfasste sie innerhalb nur weniger Wochen). Zu Beginn der meisten ihrer Erzählungen ‹entledigt› sie sich der Erzeuger ihrer Helden, von denen praktisch nichts bekannt ist, um ihr Interesse ganz dem Waisenkind zuzuwenden, das ebenfalls keine Erinnerung an seine Eltern zu haben scheint. Vor allem die Mütter sind bei Spyri häufig abwesend, wenn nicht sogar völlig ausgeblendet.

Populärpsychologisch ausgedrückt könnte man sagen, dass sich die Schriftstellerin mittels ihrer dichterischen Fantasie von der überstarken Präsenz ihrer eigenen Mutter, Meta, zu befreien versuchte.

Wie wir später sehen werden, wendet sie ihre ganze Aufmerksamkeit und Zuneigung den Grossmüttern zu, die als Ersatz für die verschwundenen Mütter dienen. Auch Heidi macht hier keine Ausnahme: Ihr Vater Tobias kommt auf einer Baustelle ums Leben und ihre Mutter Adelheid (von deren Namen die Verkleinerungsform ‹Heidi› abgeleitet ist) stirbt deswegen vor Kummer. Aber das Kind spricht nie von seinen Eltern und stellt auch keine Fragen über sie. Man weiss nicht einmal, ob sie ihm fehlen, weil es viele enge Beziehungen mit verschiedenen Personen seiner Umgebung einzugehen versteht.

⋆

Als einjährige Waise wird Heidi in die Obhut ihrer Tante Dete übergeben, die sich des Kindes annimmt, bis es vier Jahre alt ist. Sie leben zusammen im Dörfli, dem Prototyp des für die heutigen Touristen hergerichteten ‹Heididörfli› (im sogenannten ‹Heidihaus› dürfte das Kind somit nur kurze Zeit ‹gelebt› haben). Als Detes Mutter stirbt, beschliesst sie, das Kind vorübergehend bei einer alten, halb tauben Frau in Pfäfers unterzubringen, die es gleichsam gefangen hält. Nachdem Dete die heiss begehrte Arbeitsstelle in Deutschland gefunden hat, ist sie zu allem bereit, um das lästig gewordene Kind loszuwerden, und denkt das Undenkbare: Sie will das Kind dem einsam oberhalb des Dörflis lebenden Alm-Öhi, Heidis Grossvater, überlassen – eine folgenschwere Entscheidung, die den ganzen weiteren Verlauf der Geschichte bestimmt.

Dieser Grossvater ist ein furchterregender Mensch mit einer verworrenen und mysteriösen Vergangenheit. Er sieht aus «wie ein alter Heide und Indianer, dass man froh ist, wenn man ihm nicht allein begegnet» (S. 13). Mit anderen Worten der damaligen Zeit: ein Wilder. Diese Worte werden von Barbel ausgesprochen, einer Bekannten von Dete, der sie unterwegs zum Alm-Öhi begegnet. Barbel hält Detes Entschluss für nahezu kriminell und findet, sie sei wohl «nicht recht beim Verstand» (S. 13). Sie möchte aber mehr erfahren und bestürmt Dete mit Fragen, damit diese einige Geheimnisse um Alm-Öhis Leben offenlegt – sie wird keineswegs enttäuscht. Während Dete Barbels Neugierde befriedigt, hat sich Heidi davongemacht, um den Geissenpeter einzuholen (von dem hier noch ausführlich die Rede sein wird) und zeigt damit bereits ihren Freiheitsdrang, ihr Bedürfnis auszubrechen und ihre Neugier, denn das Kind ist, wie Dete bemerkt, «nicht dumm für seine fünf Jahre» (S. 15).

Zu den Geheimnissen, die Dete Barbel verrät: Sein schlechter Umgang und seine Spielleidenschaft hätten den Grossvater in den Ruin getrieben, der auch seinen Bruder in Mitleidenschaft zog und dazu führte, dass ihre Eltern vor Kummer starben. Dann begab er sich wie viele damalige Eidgenossen als Söldner in den Dienst des Königs von Neapel und desertierte schliesslich, weil er des Mordes angeklagt war. Seine Frau, die aus der Schweiz stammte, starb unter mysteriösen Umständen. Nachdem er fast fünfzehn Jahre lang verschwunden war, tauchte er mit seinem Sohn Tobias in seinem Heimatdorf im Domleschg, nahe dem bündnerischen Sils, wieder auf, wo er jedoch nicht mit offenen Armen empfangen wurde. Verärgert flüchtete er ins Dörfli, wo sein Sohn Tobias ein hoch geschätzter Zimmermann wurde. Der Grossvater, Alm-Öhi genannt, weil er viele Verwandte im Dorf hatte, blieb bei den Leuten verhasst und lebte zurückgezogen auf der Alp. Tobias heiratete Detes Schwester Adelheid, kam aber wie bereits erwähnt auf einer Baustelle ums Leben, ein Schicksalsschlag, den seine Frau nicht überwinden konnte. Wir erfahren, dass sie schon immer von zarter Gesundheit war. «Sie war sonst nicht sehr kräftig und hatte manchmal so eigene Zustände gehabt, daß man nicht recht wußte, schlief sie oder war sie wach» (S. 17). Schon Heidis Mutter war demnach eine Schlafwandlerin gewesen – ein Detail, an das wir uns später

erinnern werden. Für die Leute vom Dörfli war dies eine Strafe des Allmächtigen für die Gottlosigkeit des Alm-Öhi, der nie zur Kirche ging und die Warnungen des Pfarrers in den Wind schlug.

*

Tragischer Auftakt eines Romans, der alles andere als eine harmlose Geschichte für kleine Mädchen ist: Glücksspiel, Laster, Mord, Tragödien und Strafen – das ist reiner Dickens oder Zola! Dieser Grossvater ist ein in der Fremde gescheiterter Alpen-Robinson, der für seine Vergehen büssen muss und dem sein ‹Freitag›-Heidi neuen Lebensmut gibt. Der Vergleich ist gar nicht so weit hergeholt. Rousseau, der die Lektüre von *Robinson Crusoe* für die Erziehung seines Emile wärmstens empfahl, verglich den Zustand des edlen Wilden ausdrücklich mit dem eines von der Gesellschaft noch nicht verdorbenen Kindes.

*

Auf dem Weg zur Alp des Alm-Öhi sind wir nach Heidi und dem Grossvater bereits einer weiteren Hauptperson des Romans begegnet: dem Geissenpeter. Der elfjährige Knabe arbeitet den ganzen Tag und ist barfuss unterwegs, um die ihm anvertrauten Ziegen zu hüten und auf die Alp zu treiben. Seine Geschichte ist kaum erfreulicher: Er wohnt armselig in einer verlotterten, abgelegenen und allen Winden ausgesetzten Hütte, mit seiner Mutter, die als Spinnerin und Näherin arbeitet, und seiner blinden Grossmutter. Er ist das einzige männliche Familienmitglied, denn auch sein Vater ist bei einem Unfall im Wald ums Leben gekommen. Der etwas linkische und charakterlich labile Knabe (er ist eifersüchtig, jähzornig und käuflich) hat nur sehr wenig Kontakt mit den Menschen aus dem Dorf und kann kaum lesen, da er wie die anderen Bergkinder nur im Winter zur Schule geht und dort nicht viel lernt oder jedenfalls nicht viel davon behält, ganz abgesehen davon, dass er häufig die Schule schwänzt.

Der Anblick von Peter mit seinen Geissen wirkt auf Heidi wie ein Schock: Während des Gesprächs zwischen Dete und Barbel und ohne jemanden um Erlaubnis zu bitten, befreit sich das Kind von seinen dicken Röcken, die es zu ersticken drohen, und zieht Schuhe und Strümpfe aus. Nachdem es seine Sachen schön zusammengefaltet hat, wie es einer guten ordnungsliebenden Schweizer Hausfrau gefällt, springt Heidi – vom Kontakt mit der Natur zu neuem Leben erweckt – fröhlich über die Matten. Letzte Etappe: das Haus des Alm-Öhi. Wie zu befürchten, ist der Empfang frostig und Detes Vorhaben wird übel aufgenommen:

> «So», sagte der Alte und warf einen blitzenden Blick auf die Dete. «Und wenn nun das Kind anfängt, dir nachzuflennen und zu winseln, wie kleine Unvernünftige tun, was muß ich dann mit ihm anfangen?»

Detes Antwort fällt nicht eben freundlicher aus:

> «Das ist dann Eure Sache», warf die Dete zurück; «ich meine fast, es habe mir auch kein Mensch gesagt, wie ich es mit dem Kleinen anzufangen habe, als es mir auf den Händen lag, ein einziges Jährchen alt, und ich schon für mich und die Mutter genug zu tun hatte. Jetzt muss ich meinem Verdienst nach, und Ihr seid der Nächste am Kind. Wenn Ihr's nicht haben könnt, so macht mit ihm, was Ihr wollt, dann habt Ihr's zu verantworten, wenn's verdirbt, und Ihr werdet wohl nicht nötig haben, noch etwas aufzuladen». (S. 22)

Offensichtlich will niemand die Verantwortung für die kleine Waise übernehmen. Der Alm-Öhi jagt Dete unter Drohungen fort und diese stürzt davon, von «innerer Aufregung» (S. 23) getrieben, denn ihre Mutter hatte ihr einst auf dem Totenbett das Versprechen ab-

genommen, sich um das Kind zu kümmern. Bis hierhin erhält man den Eindruck, dass im Heidiland nur Egoismus und Unmoral das Zepter führen.

Allein gelassen, schliessen Heidi und ihr Grossvater Bekanntschaft. Das Mädchen beeindruckt den alten Mann mit seinem lebhaften Wesen, seiner Neugierde, seiner Gutmütigkeit und seiner ausserordentlichen Anpassungsfähigkeit. Im Nu gelingt es Heidi, den verstockten, asozialen Alten für sich zu gewinnen, und wir werden Zeugen eines ‹Racletteabends› von zwei neuen Freunden. Auf ebenso wundersame Weise sprudelt das kleine Mädchen, das man sich doch angesichts all der tragischen Ereignisse ihrer kurzen fünf Lebensjahre schwer traumatisiert vorstellen könnte, vor Lebensfreude und Energie.

*

Dies alles mag der psychologischen Tiefe entbehren, geht viel zu schnell und ist nicht sehr realistisch, könnte man einwenden. Oder muss man hier gar von Weltfremdheit sprechen? Tatsache ist, dass dieser Kinderroman sich zu einem grausamen Märchen auszuwachsen droht und dass es diesen Eindruck nun entschieden zu korrigieren gilt. Wenn das Stichwort ‹Märchen› hier schon gefallen ist: Obwohl sich Spyris Roman nicht eindeutig dieser Gattung zuordnen lässt, findet man in *Heidi* doch einige typische Merkmale dieses Genres, das der Pädagoge und Psychologe Bruno Bettelheim in seinem Werk *The Uses of Enchantment* (1975)[9] untersucht hat und auf das wir in dieser Untersuchung hie und da zurückkommen werden. Was den Mangel an psychologischer Tiefe betrifft: ist dieser nicht gerade ein charakteristisches Merkmal des Märchens? Heidi ist eine ‹offene› Figur, mit der sich trotz ihrer starken Persönlichkeit alle identifizieren können.

Die Beziehung zwischen dem Grossvater und Heidi lässt sich dem in der romantischen Literatur und etwa bei Victor Hugo häufig anzutreffenden Topos des ‹intuitiven Einverständnisses zwischen Kind und Greis› zuordnen, das Marina Bethlenfalvay folgendermassen beschreibt:

> Es ist übrigens eine universelle Erfahrung, dass sich Kinder und Greise gegenseitig anziehen, denn beide leben am Rande der aktiven Gesellschaft, losgelöst von deren Interessen und Kämpfen [...]. Eine Spielart dieses Themas findet man im Topos des *puer senex*, des Kindes also, das auf wundersame Weise über die Weisheit des Alters verfügt.[10]

Beispiele für derart innige Beziehungen zu betagten Personen kommen in *Heidi*, aber auch in vielen anderen Romanen Johanna Spyris vor (tatsächlich fügen sich ihre Porträts gütiger und hingebungsvoller Grossmütter zu einer beeindruckenden Galerie). Ein weiteres Beispiel für diesen Topos – diesmal aus dem Bereich der bildenden Kunst – ist das Werk Albert Ankers (1831–1910), eines Zeitgenossen Spyris, der ihrer Welt durchaus nahe stand. Anker idealisierte die Welt der Kindheit und malte immer wieder Szenen mit Kindern in Gegenwart von alten Menschen. Eines der bekanntesten und rührendsten Bilder dieser Art ist das Werk *Grossvater mit schlafender Enkelin* (1879),[11] das ein auf dem Schoss seines Grossvaters eingenicktes Kleinkind zeigt. Heidi kann durchaus als *puer senex* gesehen werden, da sie – wie wir später sehen werden – den Alm-Öhi auf den Pfad der christlichen Tugend und in die Gemeinschaft der Menschen zurückführen wird, indem sie ihr Herz öffnet, ihren Gefühlen freien Lauf lässt und zur Ratgeberin des alten Mannes wird.

*

Heidi ist nicht bloss glücklich, sondern gleichsam verrückt vor Glück und man sieht sie bei jeder Gelegenheit vor Freude herum-

hüpfen und aufgeregt von einem Fuss auf den andern springen. Ihre Vereinigung mit der Natur scheint immer intensiver zu werden. Während sie schläft, erhellt ein Mondstrahl ihr Gesicht und der Alm-Öhi betrachtet verwundert diese fast mystische Szene. Im Text heisst es, Heidi fühle sich in ihrem Heubett wie eine Prinzessin. Nun ist die Erzählung wirklich in ein Märchen übergegangen und Heidis Magie beginnt zu wirken. Sie macht von nun an alle, die mit ihr zu tun haben, zu besseren Menschen. Am nächsten Tag darf Heidi mit dem Geissenpeter auf die Alp – dies aber nur, wenn sie sich zuerst ordentlich wäscht. Auch auf der Alp nimmt man es mit der Hygiene sehr genau! Heidi schrubbt sich, bis ihre Haut sich rötet, damit die Sonne sie nicht auslacht (S. 35). Ihr Ausflug ins ‹Herz der Natur› bringt Heidis Gefühle noch mehr in Wallung. Sie ist nicht mehr zu halten, läuft, hüpft, springt inmitten der Bergblumen umher, die sie mit vollen Händen pflückt. Ihre hektische Freude ermüdet Peter, der sie bittet, sich zu beruhigen. Auf die Phase des Gefühlsüberschwangs folgt ein Moment der stillen Betrachtung:

> Das Kind saß mäuschenstill da und schaute ringsum, und weit umher war eine große, tiefe Stille; nur ganz sanft und leise ging der Wind über die zarten, blauen Glockenblümchen und die golden strahlenden Zistusröschen, die überall herumstanden auf ihren dünnen Stengelchen und leise und fröhlich hin- und hernickten. Der Peter war eingeschlafen nach seiner Anstrengung, und die Geißen kletterten oben an den Büschen umher. Dem Heidi war es so schön zumute wie in seinem Leben noch nie. Es trank das gol-

> dene Sonnenlicht, die frischen Lüfte, den zarten Blumenduft in sich ein und begehrte gar nichts mehr, als so da zu bleiben immerzu. (S. 39)

Die Natur hat aber auch ihre gefährlichen Seiten: Von einem kreisenden Adler bedroht, wagt sich ein Geisslein zu nahe an den Abgrund heran und Peter eilt zu ihm, um es zurückzuhalten. Dabei verliert er das Gleichgewicht und ruft Heidi zu Hilfe. Diese rettet die Situation, indem sie das Geisslein mit einem Grasbüschel lockt und es dadurch vor dem Absturz bewahrt. Als Peter das Tier mit Schlägen bestrafen will, weiss Heidi dies mit einem entschiedenen Machtwort zu verhindern.

⋆

Diesem schon so reifen kleinen Mädchen erscheint dennoch alles wie ein Wunder. Wenn die Sonne untergeht und alles in leuchtenden Farben erstrahlt, ruft es laut: «Es brennt! Es brennt!» (S. 46)

Diese Naivität mag erstaunen, aber angesichts der Fantasie eines Kindes, seiner Fähigkeit, die Dinge in seiner Umgebung zu transformieren und neu zu interpretieren, seines animistischen und magischen Weltbilds ist eine solche Reaktionsweise absolut verständlich. Wie Piaget beobachtete, erscheinen Sonne und Feuer in der kindlichen Vorstellung häufig miteinander verknüpft, und Spyri beweist damit, dass sie sich in der Kinderseele bestens auskennt. Selbst für ein Kind, das in einem Berggebiet aufwächst, wo die Natur das Leben bestimmt, ist es keineswegs absurd zu glauben, es brenne, wenn die Sonne untergeht, oder zu vergessen, dass Blumen auch dann welken, wenn es sich wünscht, sie mögen ewig schön bleiben. Spyri lässt uns die Welt durch die Augen eines Kindes sehen.

⋆

Auf jeden Fall ist Heidi in die Schule der Natur eingetreten und hat darum Anrecht auf eine Geografiestunde, die ihr der Grossvater erteilt, indem er sie mit den Namen der Berge in der Umgebung – Falknis und Cäsaplana – bekannt macht. Hier tritt die didaktisch-erzieherische Seite des Romans zu Tage.

*

Auf den oft wenig realistischen Charakter der geschilderten Situationen habe ich bereits hingewiesen. Obwohl die Kulisse des Romans – Maienfeld, Bad Ragaz, Berge in der Umgebung – benannt wird und geografisch exakt situiert ist, muss man sich fragen, wie wirklichkeitsnah dieser Roman tatsächlich ist. Will *Heidi* etwa die Lebensumstände der Bergbauern schildern? Viele Kommentatoren bezweifeln dies und bezeichnen den Roman als pastorale Idylle, die die Härte der realen Lebensbedingungen völlig ausklammert. Hier empfiehlt sich jedoch ein nuancierteres Urteil, denn Spyri zeigt im Fall des Alm-Öhi und Peters und seiner Familie durchaus, dass sie in kargen, schwierigen Verhältnissen, weitab von jener Idylle, leben. Andererseits vermisst man Hinweise auf dörfliche Traditionen – Feste, sportliche Wettbewerbe etc. – und es fällt kein Wort über die politische Organisation dieser ländlichen Gemeinden. Die Schweiz befand sich damals übrigens in einem historischen Übergangszustand: der Bundesstaat wurde gegründet und das Land gab sich 1848 eine neue Verfassung, die die staatlichen Institutionen neu organisierte. Der Wind des politischen Aufbruchs scheint allerdings auf Heidis Alp nicht geweht zu haben.

Ebenso wenig kann man behaupten, dass der Alm-Öhi, der seine nächsten Verwandten meidet und eingepfercht in seiner Alphütte lebt, das praktiziert, was Claude Reichler «die Kunst des Zusammenlebens» nennt: die den Berglern oftmals zugeschriebene Beachtung der Regeln der Solidarität und des gerechten Teilens.[12] Nur die Schule und die Kirche bilden einen Teil der Kulisse, und natürlich erwähnt Spyri die Viehzucht, die Flora und Fauna der Bergwelt und deren klimatische Besonderheiten. Am Rande spricht sie auch davon, dass in der Umgebung des Dörflis Brot, Käse und Holzgegenstände hergestellt werden, aber mehr gibt ihre Milieuschilderung kaum her.

Ist dies von Belang oder gar ein Mangel des Buches? Die Frage stellt sich in ähnlicher Weise wie bei den Bildern Albert Ankers. Mit ihren Porträts von Kindern mit nackten Füssen und ihren Szenen eines eher ärmlichen Landlebens könnte man diese als realistisch bezeichnen. Trotzdem, meine ich, muss man hier aber von einer idealisierten Welt sprechen, einer urtümlichen Schweiz, in der alle kleinen Mädchen blond, hübsch und brav sind und immerzu lächeln. Ähnliches gilt auch für Spyris Roman, in dem die Not von Peters Familie oder das karge Leben des Alm-Öhi einerseits, wie erwähnt, deutlich geschildert, anderseits aber durch die Schönheit der erhabenen, reinigenden Natur verklärt werden. Und selbst wenn man arm ist, wäscht man sich hier gründlich und hält seine Sachen in Ordnung. Zu schön, zu sauber, um wahr zu sein?

Versetzt man sich in die Lage der lesenden Kinder, so kann man Bettelheim nur beipflichten, wenn er sagt: «Geschichten, die sich eng an die Realität halten, [...] stimmen nicht mit der inneren Realität des Kindes überein».[13] Unter diesem Aspekt erscheint es ziemlich unwichtig, ob die damaligen Bergbauern *exakt* wie Heidis Grossvater gelebt haben.

*

Der Winter kommt und es beginnt zu schneien. Für Heidi ereignet sich erneut ein Wunder: «Es ist lauter Silber und Gold an den Tannen!» (S. 55). Als das Gespräch auf Peters Grossmutter kommt, ist Heidi nicht mehr zu halten: sie muss sie unbedingt besuchen. Auf ihr Drängen willigt der Grossvater ein, packt Heidi in einen Sack

eingehüllt auf den Schlitten und fährt, das Kind auf den Knien, den Berg hinunter: «Da schoß der Schlitten davon die Alm hinab mit einer solchen Schnelligkeit, daß das Heidi meinte, es fliege in der Luft wie ein Vogel, und laut aufjauchzte» (S. 56). Von dieser Szene haben sich viele Illustratoren und Filmemacher inspirieren lassen.

Anlässlich von Heidis Besuch bei der blinden Grossmutter bestätigen sich erneut bestimmte Persönlichkeitsmerkmale des Mädchens: seine Beobachtungsgabe und eine Mischung von Hartnäckigkeit und Naivität, die in eine Art Allmachtsgefühl münden. Heidi kann nicht verstehen oder akzeptieren, dass die Grossmutter blind ist und darum die Schönheit der umgebenden Natur nicht wahrnehmen kann, und sie ist überzeugt, dass sie diesem Übel abhelfen kann. In ihrer von magischem Wunschdenken beflügelten Fantasie sinnt sie auf ein Gegenmittel, im Glauben, dass der Grossvater, so wie er einen klappernden Fensterladen zu flicken vermochte, auch der alten Frau das Augenlicht zurückgeben könne. Einmal mehr müssen wir die Intuition Johanna Spyris bewundern, die lange vor Piaget eine Ahnung davon hatte, dass Kinder zuweilen den Wunsch haben, die Realität mit einem Wort oder einem Gedanken zu verändern. Bald aber findet Heidi eine direktere, wirksamere (oder realistischere) Methode, indem sie der blinden Grossmutter das Leben in Alm-Öhis Hütte in allen Einzelheiten schildert.

Monate, Jahre gehen ins Land und Heidi ist nun bereits acht Jahre alt. Schon vor einem Jahr hätte Heidi eingeschult werden sollen, wie der Lehrer des Dörflis dem Alm-Öhi mehrmals in Erinnerung ruft, doch dieser will davon nichts wissen. Schliesslich steigt der Pfarrer selbst auf die Alp, um den Alten zur Räson zu bringen – ohne Erfolg, wie der folgende Dialog zeigt:

> «Was wollt Ihr aus dem Kinde machen?» fragte jetzt der Herr Pfarrer.
>
> «Nichts, es wächst und gedeiht mit den Geißen und den Vögeln; bei denen ist es ihm wohl, und es lernt nichts Böses von ihnen.»
>
> «Aber das Kind ist keine Geiß und kein Vogel, es ist ein Menschenkind. Wenn es nichts Böses lernt von diesen seinen Kameraden, so lernt es auch sonst nichts von ihnen; es soll aber etwas lernen, und die Zeit dazu ist da. [...] Dieses war der letzte Winter, den das Kind so ohne allen Unterricht zugebracht hat; nächsten Winter kommt es zur Schule, und zwar jeden Tag.» (S. 69–70)

Hier steht der Gegensatz Natur-Kultur zur Debatte. Bei den Worten «das Kind ist keine Geiß und kein Vogel, es ist ein Menschenkind» denken wir unmittelbar an Rousseaus edlen Wilden, den der Philosoph in seinem präreflexiven, präsozialen Zustand, den verderblichen Einflüssen der Gesellschaft enthoben, für glücklich hält. Rousseau vergleicht diesen Zustand denn auch ausdrücklich mit der Situation eines Kindes.

In ihrer Studie legt Marina Bethlenfalvay dar, wie das romantische Kind der Literatur des 19. Jahrhunderts «das Goldene Zeitalter des Individuums» verkörpert und wie es aufgrund seiner angeborenen Güte dem edlen Wilden gleicht. Die Autorin weist auch auf die Analogie zum Genre der Pastorale hin, indem die Schäferinnen und Schäfer früherer Epochen wie etwa im Falle von Bernardin de Saint-Pierres berühmtem Kurzroman *Paul et Virginie* durch Kinder ersetzt wurden. Wenn wir, wie bereits erwähnt, in Heidi eine ‹Wilde› sehen können, die unschuldig in ihrem Alpenparadies lebt und sich wie die Kinderversion einer Schäferin aus einer pastoralen Idylle benimmt, so ist sie anderseits als Waise doch mit den Beschwernissen dieser Welt vertraut. Das harte Leben im Gebirge und die Konflikte des Grossvaters mit seiner Gemeinde beweisen, dass die Alp kein reines Paradies ist. Hier endet denn also die Analogie zwischen Heidi und dem edlen Wilden, denn das Mädchen weiss sehr wohl zwischen Gut und Böse zu unterscheiden und lebt nicht in einem prämoralischen Zustand. Dieser für Johanna Spyri zentrale Aspekt erhält im weiteren Fortgang des Romans immer mehr Gewicht.

Die Weigerung des Grossvaters, Heidi zur Schule zu schicken, erinnert an Rousseaus Ideal einer «negativen Erziehung», das auch Johann Heinrich Pestalozzis (1746–1827) Denken stark geprägt hat. Nach dessen Ansicht sollten Kinder erst im Alter von neun Jahren lesen und schreiben lernen und der erste Unterricht sollte von den Eltern zu Hause erteilt werden. Dieser Schweizer Pädagoge, der Institute und Pensionate für Arme und Waisen gründete, machte sich für ein naturgemässes Lernen stark. Und fast will es scheinen, der Alm-Öhi, für den die Natur die beste Lehrmeisterin ist, habe sich dessen Grundsätze zu eigen gemacht ...

*

Aber kehren wir auf die Alp zurück. Der Pfarrer, der den Alm-Öhi in die Zivilisation zurückzukehren heisst, beschwört diesen, sich mit Gott und den Menschen zu versöhnen. Als er auf taube Ohren stösst, droht der Kirchenmann notfalls Gewalt anzuwenden. Seine Weigerung begründet der Alm-Öhi unter anderem damit, dass es gewissenlos wäre, Heidi im kalten Winter (der Jahreszeit, in der Bergkinder den Unterricht besuchen) auf den langen Weg zur Schule zu schicken, denn wir erfahren, dass das Kind «zartgliedrig» sei und seiner Mutter nachschlage, die «mondsüchtig» war und «Zufälle [Anfälle, Anm. d. Übers.] hatte» (S. 70).

Hier werden wir wieder an Johannas Jahre im Hirzel und die Patienten ihres Vaters erinnert. Nach Jahren der Sorglosigkeit und des Glücks am Busen der Natur verdüstert sich nun der Himmel. Die Zivilisation mit ihren Gesetzen und Regeln holt den Alten und Heidi ein und gibt ihnen deutlich zu spüren, dass sie nicht ausserhalb der Welt leben können.

*

Spyris Roman ist heftig dafür getadelt worden, nicht nur kaum realistisch, sondern geradezu weltfremd zu sein, dem Fortschritt und der Industrialisierung keinen Platz einzuräumen. Die gleichen Vorwürfe werden auch gegen Albert Ankers Bilder erhoben, die die moderne Zivilisation völlig ausser Acht zu lassen scheinen. Viele andere Künstler haben sich übrigens ebenfalls entschieden, die moderne Welt zu ignorieren. Aber hindert uns dies daran, etwa die Gemälde eines Corot zu schätzen?

Diese Kritik scheint mir ziemlich verfehlt, denn der Roman verlöre meines Erachtens viel von seinem Zauber, wenn das Heidi-Paradies mit den technischen Errungenschaften des endenden 19. Jahrhunderts verunstaltet wäre. Indem die (obligatorisch gewordene) Schule und die Stadt (Frankfurt, wohin wir Heidi gleich begleiten werden) einbezogen werden, wird der Gegensatz Stadt-Land und Kultur-Natur durchaus deutlich herausgearbeitet. Nicht zu vergessen: die Eisenbahn, eine der grossen Erfindungen des 19. Jahrhunderts! Sie erlaubt es Heidi immerhin, nach Deutschland und wieder zurück in die Schweiz zu fahren. Spyri vertieft sich allerdings, wie wir gleich sehen werden, keineswegs in dieses Thema und nimmt die Gelegenheit nicht wahr, das berechtigte Erstaunen, die Furcht oder die Begeisterung des Kindes zu schildern, die dieses revolutionäre und erst vor kurzer Zeit entwickelte Verkehrsmittel bei ihm hervorrufen müsste. (Die Schweizer Eisenbahnlinien entstanden übrigens in den 1850er Jahren, der Bahnhof von Maienfeld wurde 1858 eröffnet und der Durchstich des Gotthardtunnels erfolgte 1880).

Und das Dörfli? Zum Glück hielt es Spyri nicht für nötig, dieses in eine Bergstation zu verwandeln, mit der eben erst eingeführten Zauberfee ‹Elektrizität› zu illuminieren oder mit einem Trupp von Tunnelarbeitern zu bevölkern! Heidis Paradies wäre kein solches geblieben, wenn es modernisiert worden wäre – das wäre gleichsam ein Sakrileg gewesen. Dieser letztere, religiös gefärbte Ausdruck ist wohl nicht übertrieben, wenn man sich vor Augen hält, dass Spyri, vor den Zwiespalt zwischen Menschenwerk und göttlicher Schöpfung gestellt, stets letzterer entschieden den Vorrang gab. Die romantische Seele liebt es, dieses Gefühl auszudrücken, wie man dies etwa an dem schönen Gedicht *Le Progrès* der Neuenburger Lyrikerin Alice de Chambrier (1861–1882) sehen kann:

Nous avons beau mêler tous les arts aux sciences,
Nous n'atteignons jamais à tes magnificences,
Ô Nature, si grande et si simple à la fois!

[...]

Les milliers de flambeaux à la clarté sereine
Que l'Électricité, cette nouvelle reine,
Prête au génie humain pour combattre la nuit,
Valent-ils un rayon de soleil qui s'épanche
Sur un ruisseau qu'il dore à travers une branche,
La lune des beaux soirs, et l'étoile qui luit?[14]

Die Alpen und die Natur bieten Zuflucht – weitab von der Modernität. Dies ist ein zentraler Aspekt von Johanna Spyris Botschaft, die nicht nur sie allein vertritt, wie wir anhand des Gedichts von Alice de Chambrier soeben erfahren haben. Gestatten Sie mir deshalb, etwas länger an diesem Punkt zu verweilen.

Im Zusammenhang mit der Rückkehr zu nationalen und bäuerlichen Werten ist das Werk des Berner Dichters Jeremias Gotthelf (1797–1854) zu erwähnen. Dieser verfasste dreizehn Romane (*Der Bauernspiegel*, *Leiden und Freuden eines Schulmeisters*, *Uli der Knecht*, *Uli der Pächter*, *Anne-Bäbi Jowäger* u.a.), die alle ohne Ausnahme in der bäuerlichen Welt des Emmentals spielen, einer Welt, die in Folge der Modernisierung aus den Fugen geraten ist. Selber Pfarrer und Sohn eines Pfarrers, sieht Gotthelf den Wandel der Schweiz mit Besorgnis und versucht zu zeigen, wie eine konservative Religiosität als Schutzwall gegen die Bedrohungen der Industriegesellschaft dienen kann. Als Anhänger von Pestalozzi war Gotthelf, wie Johanna Spyri, empört über das traurige Schicksal, das den damaligen Waisenkindern beschieden war, und sein Werk ist von flammenden Appellen an das Gewissen seiner Zeitgenossen durchzogen. Natürlich gibt es markante Unterschiede zum Erzählwerk Spyris: so schrieb Gotthelf einerseits keine Kinderbücher und entwarf anderseits wesentlich komplexere Romanhandlungen. Gotthelfs Erzählungen greifen nicht selten auf Legenden und das Übersinnliche zurück, während es bei Spyri keinerlei Feen, Dämonen oder Drachen gibt. Aus Briefen wissen wir übrigens, dass Spyris Bruder Jakob Christian ein eifriger Leser von Gotthelfs Schriften war.

Claude Reichler spricht im Zusammenhang mit dem seit dem 18. Jahrhundert verbreiteten Bild der Schweiz von einem «Paradigma der Antimoderne».[15]

> Der Mythos von einer Gesellschaft ausserhalb der Geschichte, eines ursprünglichen Zustandes der Menschen, der von den Umwälzungen des technischen und ökonomischen Wandels unberührt geblieben wäre, verleiht diesem Paradigma besondere Durchschlagskraft. Als es Tradition wurde, eine Reise durch die Alpen anzutreten, entwickelte sich die Schweiz zu einem der bevorzugten Orte, an denen sich der Mythos entfalten konnte.[16]

Dieser Mythos ist untrennbar mit einer Ästhetik des Erhabenen und Unzugänglichen verbunden.

Die von uns Heutigen in hohem Masse geteilte Sehnsucht nach einem unberührten Paradies, der Wunsch nach naturbelassenen, ursprünglichen Welten, der sich heute auch im Kult um ‹Bio› und Ökologie äussert – dieses Ideal beseelte auch die Menschen des 19. Jahrhunderts, als ob die fortschreitende Industrialisierung ihre Sehnsucht nach der Reinheit einer unverschmutzten Natur geweckt hätte. Diese wurde zur Visitenkarte der Schweiz, zur besten Werbebotschaft für ein Land, das 1880 – im Publikationsjahr von *Heidi* – den *Heimatschutz* gründete, um seine Landschaften und Traditionen zu schützen.

In den Jahren nach der Gründung des schweizerischen Bundesstaats wandte man sich vermehrt patriotischen Werten zu und es entstand der so genannte *Heimatstil*, der in einer Art Patchwork alle als typisch schweizerisch geltenden Architekturformen – von der Burg über den Bauernhof und das Rathaus bis hin zum Chalet – aneinanderreihte und zusammenfasste. Insbesondere nach der Genfer Landesausstellung von 1896 mit ihrem ‹Schweizerdorf› erlebte der Heimatstil in der Romandie wie auch in der Deutschschweiz eine Blütezeit. Selbst in Genf, das sich mit seinen vornehmen Hotels im Stil des Marais und seiner Oper, einer Replik des Palais Garnier, als ‹kleines Paris› brüstete, wurden nun zahlreiche Häuser, öffentliche Gebäude und Schulen errichtet, die mit grossen Steildächern, schwerem Bossenwerk, neugotischen Türmchen und Giebeln sowie massiven Säulengalerien ausgestattet waren.

Nun brauchte man nicht länger wie Defoes Robinson oder dessen vom Pfarrer Johann David Wyss (1743–1818) geschaffenes

schweizerisches Pendant auf einer einsamen Insel zu stranden, um den Romanhelden in ein Versuchslabor oder Schaufenster der Zivilisation zu versetzen. Während der von Wyss geschaffene schweizerische Robinson seine Insel in eine ‹neue Schweiz› verwandelt hatte, erkannte Johanna Spyri, dass die unberührte Insel vor der Haustür – in den Schweizer Alpen – lag und dass die Natur den Menschen zur Weisheit führt und nicht umgekehrt. Michel Tournier griff diese Idee in seiner eigenen Robinsonade *Vendredi, ou les Limbes du Pacifique*[17] auf. Die Insel als abgeschiedenes und geschütztes Reservat stellt den idealen literarischen Ort für Experimente dar, den romantischen Ort schlechthin, der zum Beispiel auch die unschuldige Kindheit von Paul und Virginie beschirmt, die wie Heidi eines Tages aus ihrem Paradies herausgerissen werden. Wenn die Schweiz schon keine Meere besitzt, so hat sie doch ihre Berge – und diese sind die *andere Insel* der Romantiker.

Schon an dieser Stelle des *Heidi*-Buches stellen wir fest, dass Spyri von einer sehr schweizerischen Leidenschaft beseelt ist: der Pädagogik. Auch ihre weltanschaulichen Referenzen sind durchaus schweizerisch, findet man bei ihr doch – abgesehen von den bereits besprochenen subtilen Unterschieden – den Geist Rousseaus, für den der natürliche Mensch gut ist, während er durch die Einflüsse der Gesellschaft korrumpiert wird, sowie die Theorien Pestalozzis, der eine dem kindlichen Rhythmus angepasste Erziehung forderte, nach der das Kind seine eigenen Erfahrungen, mit der Natur als einziger Lehrmeisterin, machen soll.

Was Heidi lebt, entspricht genau dem, was man unter der ‹Schule der Natur› versteht. Übrigens entwickelten sich in der Schweiz des ausgehenden 19. Jahrhunderts die Schulen zu architektonisch imposanten, ausladenden weltlichen Tempeln, mit Höfen, die an Klosteranlagen erinnern, und hellen Unterrichtsräumen, die vom Bemühen der Architekten um hygienische Bedingungen zeugen.

Die Sauberkeit der Luft, die bäuerlich geprägten Werte, die Solidität und der ländliche Komfort sind von den Alpen heruntergestiegen und haben sich in den Städten niedergelassen. Kurzum: das Heidi-Universum hat die Schweiz erobert!

*

Im Roman überstürzen sich nun die Ereignisse: Kaum ist der Pfarrer gegangen, kommt Dete zu Besuch. Von Gewissensbissen geplagt, ist sie auf die Alp zurückgekehrt, um Heidi abzuholen, denn inzwischen hat sich ihr eine einzigartige Gelegenheit ergeben: reiche Verwandte ihrer ‹Herrschaften› in Frankfurt haben eine Tochter, die an den Rollstuhl gefesselt ist und sich eine Spielkameradin wünscht. Dafür scheint Heidi die ideale Kandidatin zu sein, denn gesucht wird «so ein recht unverdorbenes, so ein eigenartiges Kind, das nicht sei wie alle, die man so alle acht Tage sehe» (S. 72). In einer etwas abenteuerlichen Fantasie sieht Dete die Möglichkeit, dass das kranke Mädchen sterben könnte und in der Folge die Eltern Heidi adoptieren würden.

Die Grossstadt hat Dete bereits verwandelt, denn sie trägt «einen schönen Hut auf dem Kopf mit einer Feder darauf» und «ein Kleid, das alles mitfegte, was am Boden lag, und in der Sennhütte lag da allerlei, das nicht an ein Kleid gehörte» (S. 72). Dieser Hut verkörpert alles, was städtisch – und folglich ‹unnatürlich› – ist. Dieser erneute unerwünschte Besuch ist noch weniger nach dem Geschmack des Grossvaters als der vorherige. Das Gespräch wird hitzig, es wird mit Gerichten gedroht und mit «alten Sachen», die man notfalls aufwärmen könnte, so dass der Grossvater schliesslich mit den bitteren Worten einlenkt:

> «Nimm's und verdirb's! Komm mir nie mehr vor Augen mit ihm, ich will's nie sehen mit dem Federhut auf dem Kopf und Worten im Mund wie dich heut!» (S. 73–74)

Heidi will nicht mit Dete mitgehen, aber diese behandelt das Kind wie eine störrische Ziege, schnürt eiligst sein Bündel, versichert ihm, Frankfurt sei wunderschön und wenn es ihm dort nicht gefalle, könne es wieder auf die Alp zurück, wann immer es wolle. Der plötzliche Aufbruch Heidis stürzt Peters blinde Grossmutter in Verzweiflung.

Das sechste Kapitel, «Ein neues Kapitel und lauter neue Dinge», führt uns in eine vollkommen anders geartete Welt – die Welt der Stadt und der grossbürgerlichen Familie Sesemann. Die Erzählerin unternimmt alles – und dies ist eine der grossen Stärken ihres Romans – um den Kontrast zwischen dem Leben auf der Alp mit seiner bäuerlichen Kulisse und der neuen städtischen Umgebung wirkungsvoll herauszuarbeiten, indem sie Möbel, Bücher und elegante Gegenstände schildert, das Dienstpersonal, den Kutscher, eine Gouvernante – das trockene, spröde Fräulein Rottenmeier – sowie das gehbehinderte, bleichgesichtige und strebsame Töchterchen Klara – fast ein ‹Anti-Heidi›.

Spyri, die sich wohl von den Garderoben der gehobenen Zürcher Gesellschaft inspirieren liess, bringt uns mit ihren Beschreibungen, etwa einer Haartracht als «eine Art von hochgebauter Kuppel, die sie auf dem Kopf trug» (S. 79), des Hausdieners «mit großen runden Knöpfen auf seinem Aufwärterrock» (S. 80) und der Jungfer Tinette «mit einem blendend weißen Deckelchen auf der Mitte des Kopfes» (ebd.) zum Schmunzeln.

Die Ankunft Heidis, das «sein einfaches Baumwollröckchen an [hatte] und sein altes, zerdrücktes Strohhütchen auf dem Kopf» (ebd.), gleicht der Einführung eines edlen Wilden am königlichen Hof. Ein weiterer Kulturschock ereignet sich, als Fräulein Rottenmeier erfährt, dass das Kind ‹Heidi› heisst. Sie ist fassungslos und meint, dies könne doch wohl kein christlicher Name sein ...

*

Der Rufname ‹Heidi›, eine Verkleinerungsform des Vornamens ‹Adelheid›, ist Gegenstand von Kontroversen gewesen. Der Name ist in der Gegend von Maienfeld kaum gebräuchlich; dagegen glaubte man, hier das reale Vorbild für die Romanfigur in der Person einer gewissen Amalia Just gefunden zu haben. Nachforschungen ergaben aber, dass diese bei einer allfälligen Begegnung mit der Autorin – sage und schreibe – 94 Jahre alt gewesen wäre!

Christophe Gros legt in seinem Artikel dar, wie Johanna Spyri geschickt mit dem klangassoziativen Bedeutungsumfeld des Namens ‹Heidi› – von der ‹Heidin› bis zur ‹Heide›(-landschaft) – spielt.[18] Man beachte in diesem Zusammenhang, dass der erste Heidi-Tonfilm von Allan Dwan mit Shirley Temple in der Hauptrolle in der französischen Fassung durchaus passend mit *Heidi, la Sauvageonne* (Heidi, der Wildling) betitelt war.

Um eine andere Adelheid dreht sich eine weitere Kontroverse jüngeren Datums: der deutsche Germanist Peter Büttner glaubt frappierende Ähnlichkeiten zwischen Spyris Roman und dem Buch *Adelaide, das Mädchen vom Alpengebirge* gefunden zu haben, einer 1828 (Spyri war gerade ein Jahr alt) publizierten, rund dreissigseitigen Novelle des heute vergessenen Schriftstellers Hermann Adam von Kamp (1796–1867).[19] Auch in diesem Werk sehen wir eine junge Schweizerin, die mit ihrem Grossvater auf einer Alp lebt, in perfekter Harmonie mit der Natur, die sie in Liedern besingt. Als ihre Familie nach Amerika auswandert, wird Adelheid jäh aus diesem Paradies herausgerissen. Im fremden Land leidet sie unter fürchterlichem Heimweh und kehrt zuletzt in die Schweiz zurück. Wie wir gleich sehen werden, sind die Vorstellung eines Alpenparadieses, seine Verehrung und das Heimweh wichtige Elemente von Spyris Roman. Ist *Heidi* somit nichts weiter als ein Plagiat dieses als ‹Neujahrsschrift für die deutsche Jugend› verfassten Werkleins? Sehen wir uns die Sache doch etwas genauer an.

Der Anfang der Geschichte hat wenig mit Spyris Welt gemein: ein holländischer Tourist überrascht Adelaide, die im Begriff ist, sich an einer Quelle zu waschen. Als sie ihn bemerkt, errötet sie. Der Fremde lässt sich dadurch aber nicht irritieren, sondern bittet sie im Gegenteil, das Lied nochmals zu singen, das sie vor einer Weile in ihrem Chalet angestimmt hat. Das junge Mädchen – sie ist erst zehn Jahre alt – ist schockiert, dass sie ihre Frömmigkeit öffentlich zeigen soll. Dies hindert sie aber nicht daran, dem Herrn wenig später einen Strauss Veilchen zu schenken, worauf er ihr zum Dank eine Börse mit Gold- und Silbermünzen überreicht. Sie gibt vor, dieses Geld nicht zu benötigen, da sie von ihrem Grossvater häufig Geschenke erhalte; erst kürzlich habe er ihr ein Mieder geschenkt! Dieser Grossvater ist ein frommer Mann, der Adelaide nach dem Tod seiner Frau an Kindes statt angenommen hat. Adelaide ist aber keineswegs eine Waise, denn ihre ganze Familie lebt weiter unten im Tal.

Eine dramatische Wende tritt ein, als der Alte erfährt, dass sein nach Amerika ausgewanderter Bruder verstorben ist und ihm sein ganzes Vermögen vermacht hat. Da er zu alt ist, um die Reise anzutreten – sein Tod steht bevor –, beschliesst er, das Erbe seinen Nachkommen zukommen zu lassen, die nun nach Pennsylvania reisen, mitsamt der mittlerweile sechzehnjährigen Adelaide, der dieser jähe Wechsel fast das Herz zerreisst. Anlässlich eines Besuches bei einem holländischen Händler in ihrer neuen Heimat, fällt sie in Ekstase, als sie ein Gemälde sieht, das die Schweizer Alpen darstellt. Der Händler bietet ihr an, sie mit einem Onkel bekannt zu machen, der dieses Land vor Jahren sehr gut kannte. Die Begegnung findet statt und – dies der zweite Theatercoup! – es stellt sich heraus, dass dieser Onkel der Fremde ist, den Adelaide damals auf der Alp kennen gelernt hat. Er verspricht ihr eine Vergnügungsreise in die Schweiz, was sie ins Träumen bringt. Mit dem Einverständnis ihrer Eltern kehrt sie in das Land ihrer Kindheit zurück, mit ihrem Begleiter, der für sich selbst ein Gut erwirbt und ein weiteres für sein neues Mündel. Schliesslich macht Adelaide die Bekanntschaft eines sehr tugendhaften jungen Schäfers, den sie heiratet, nachdem sie ihren Beschützer am Krankenbett in den Tod begleitet hat.

Die Unterschiede zu unserem Roman sind augenfällig: Adelaide ist wesentlich älter als Heidi und hat ihre ganze Familie; der Grossvater ist sehr fromm; es gibt keinen Peter und keine Grossmütter. Auch das Motiv der Erbschaft und der erzwungenen Auswanderung in das ferne Amerika fehlt bei der Schweizer Autorin. Die Erzählung atmet offensichtlich nicht den Geist der Spyri. Der etwas voyeuristische Fremde, das frauliche Wäschestück, das ihr der Grossvater schenkt, die seltsam distanzierte Beziehung Adelaides zu ihren Eltern und Geschwistern – all dies ist weit entfernt von Johanna Spyris Welt. Somit bleiben noch der äussere Rahmen, das Heimweh und vor allem der Vorname des Mädchens als Elemente, die Spyri hätten zu ihrem Roman inspirieren können, denn natürlich ist es nicht ausgeschlossen, dass Spyri die Erzählung irgendwann einmal in den Händen gehabt hat.

Eine deutsche Heidi also? Die Sache erzeugte im Frühjahr 2010 viel Medienrummel und hätte um ein Haar zu einem diplomatischen Zwischenfall geführt. Doch schon bald galt die Affäre als erledigt und die *Neue Zürcher Zeitung* vom 15. April 2010 sprach von einem «Sturm im Wasserglas». – Uff, *Heidi*, unsere nationale Ikone, noch einmal gerettet!

*

In Frankfurt, vor vollendete Tatsachen gestellt, ist die Gouvernante der Sesemanns schockiert ob dem viel zu jungen «kleinen Wesen», das nicht einmal lesen kann (dabei sollte es gemeinsam mit Klara Unterricht erhalten), keine Manieren hat und das Hauspersonal duzt. Bald stellt sich auch heraus, dass das Kind nicht wie die anderen spricht – dies zweifellos eine Anspielung auf seinen schweizerdeutschen Dialekt, ein Element, das später nochmals aufgenommen wird, wenn der Strassenjunge mit der Drehorgel nach seiner Begegnung mit Heidi feststellt: «sie kann nicht reden wie wir» (S. 105).

Heidi fühlt sich schon bald eingesperrt wie ein Vogel im Käfig und sucht verzweifelt nach der unberührten Natur, die es in der Stadt nicht gibt. Sie meint das Tosen des Föhns in den Tannen zu hören, wenn in Wirklichkeit die Wagen auf der Strasse vorbeirollen. Unerlaubterweise verlässt sie das Haus, um einen Glockenturm zu besteigen, in der Hoffnung, von dort aus ihre geliebte Landschaft zu sehen. Aber vergebens: Zu sehen gibt es hier nur ein Meer von Dächern, Türmen und Schornsteinen. «Das misshandelte Kind hat nur eine Überlebenschance, wenn es im richtigen Augenblick die Flucht ergreift», erklärt dazu Marthe Robert.[20] Im Verlauf ihrer Eskapade trifft Heidi den jungen Drehorgelspieler, nach Isabelle Nières-Chevrel[21] eine Art städtischer Doppelgänger des Geissenpeters und ebenso wortkarg wie dieser. Er wird im Roman als «zerlumpter Junge» und «ungewaschener Straßenkäfer» (S. 105) geschildert, der betteln muss, um zu überleben. Er verkörpert das

Elend der Städte, während Peter trotz seiner kargen und bescheidenen Lebensverhältnisse mindestens an der gesunden Landluft und im Herzen der Natur lebt.

Heidis zahlreiche unfreiwillige Torheiten bringen Klara, die so viel Unterhaltung nicht gewohnt ist, zum Lachen; Fräulein Rottenmeier aber, die in Spyris amüsanter Beschreibung «wie eine geladene Kanone» (S. 101) aussieht, treiben sie zur Verzweiflung. Sie stösst Schreckensschreie aus, als Heidi Dutzende junger Kätzchen – und obendrein noch eine Schildkröte! – ins Haus bringt. Das ist zu viel für die erzürnbare Gouvernante, die nun üble Drohungen ausstösst:

> «Adelheid, [...] ich weiß nur *eine* Strafe, die dir empfindlich sein könnte, denn du bist eine Barbarin, aber wir wollen sehen, ob du unten im dunkeln Keller bei Molchen und Ratten nicht zahm wirst, daß du dir keine solchen Dinge mehr einfallen lässest.» (S. 109)

Nichts von alledem bringt die ‹kleine Wilde› aus der Fassung. Sie erhält Unterricht von Klaras Hauslehrer, obwohl sie wenig Talent fürs Erlernen des Alphabets zeigt und lieber in Assoziationen denkt: sieht sie einen Buchstaben, der wie ein Hörnchen aussieht, denkt sie sogleich an eine Geiss, gleicht er einem Schnabel, muss sie an einen Raubvogel denken. Ihre Sprachfantasie knüpft bei den Ursprüngen der Schrift, den Symbolen und Bildzeichen, an. Die Zeichnung führe zur Schrift, war Pestalozzi überzeugt. Aber für Heidi bedeuten ein Bild, eine Zeichnung oder ein Stich viel mehr als Worte. Übrigens sind es, wie wir gleich sehen werden, bezeichnenderweise die von Grossmutter Sesemann vorgeschlagenen Bilderbücher, die Heidi den Weg zum Lesen lernen weisen. Heute wäre Heidi bestimmt eine begeisterte Comic-Leserin!

Trotz aller Bemühungen und gutem Willen kann sich Heidi nicht an das Leben in der Stadt gewöhnen und es gelingt ihr nicht, sich von ihren Gedanken an die Alm zu lösen. Eine Geschichte, die Form eines Buchstabens – alles bringt sie sogleich in Verbindung mit ihrem vertrauten Ort und den geliebten Menschen dort. Das geht so weit, dass sie Brötchen sammelt und versteckt, um sie später Peters Grossmutter mitzubringen. Ihr ganzes Trachten scheint darauf gerichtet, langsam und konsequent ihre Heimreise vorzubereiten. Angesichts der Hindernisse, die dem entgegenstehen, gerät sie mehr und mehr in einen Zustand der Entfremdung, der sich in schrecklichem Heimweh äussert:

> «Ich will ja nur heim, und wenn ich so lang' nicht komme, so muß das Schneehöppli immer klagen, und die Großmutter erwartet mich, und der Distelfink bekommt die Rute, wenn der Geißenpeter keinen Käse bekommt, und hier kann man gar nie sehen, wie die Sonne gute Nacht sagt zu den Bergen; und wenn der Raubvogel in Frankfurt obenüber fliegen würde, so würde er noch viel lauter krächzen, daß so viele Menschen beieinander sitzen und einander bös machen und nicht auf den Felsen gehen, wo es einem wohl ist.» (S. 112–113)

In Fräulein Rottenmeiers Augen ist Heidi «zeitweise nicht ganz recht im Kopf» (S. 121).

Im neunten Kapitel wird die Rückkehr von Herrn Sesemann, Klaras Vater, geschildert. Dieser sanftmütige, kultivierte und äusserst tolerante Mann ist sehr oft abwesend, was die wichtige Stellung erklärt, die die Gouvernante in diesem Haushalt einnimmt. Obwohl nicht sehr gemütvoll veranlagt, versieht sie auch eine Mutterrolle. Es gibt nämlich keine Frau Sesemann; diese ist gestorben und gehört somit in die lange Reihe abwesender oder verstorbener Mütter, die Johanna Spyris Romane und Erzählungen bevölkern.

Dieses neunte Kapitel ist eines der interessantesten, weil es gleichsam ein mehrschichtiges Profil unserer Heldin erstellt. Spyri beleuchtet die Figur aus drei verschiedenen Blickwinkeln: dem von

Fräulein Rottenmeier, dem des Hauslehrers und dem von Klara; jeder der drei zeichnet sein eigenes Porträt des Kindes.

Das Gespräch zwischen Fräulein Rottenmeier und dem Hausherrn ist sehr aufschlussreich und verdient hier ausführlicher wiedergegeben zu werden:

> «Wir hatten ja beschlossen, wie Sie wissen, Herr Sesemann, eine Gespielin für Klara ins Haus zu nehmen, und da ich wohl weiß, wie sehr Sie darauf halten, daß nur Gutes und Edles Ihre Tochter umgebe, hatte ich meinen Sinn auf ein junges Schweizermädchen gerichtet, indem ich hoffte, eines jener Wesen bei uns eintreten zu sehen, von denen ich schon oft gelesen, welche, der reinen Bergluft entsprossen, sozusagen, ohne die Erde zu berühren, durch das Leben gehen.»
>
> «Ich glaube zwar», bemerkte hier Herr Sesemann, «daß auch die Schweizerkinder den Erdboden berühren, wenn sie vorwärts kommen wollen; sonst wären ihnen wohl Flügel gewachsen statt der Füße.»
>
> «Ach, Herr Sesemann, Sie verstehen mich wohl», fuhr das Fräulein fort; «ich meine eine jener so bekannten, in den hohen, reinen Bergregionen lebenden Gestalten, die nur wie ein idealer Hauch an uns vorüberziehen.»
>
> «Was sollte aber meine Klara mit einem idealen Hauch anfangen, Fräulein Rottenmeier?» (S. 118).

Und Fräulein Rottenmeier beschliesst das Gespräch mit der Bemerkung:

> «[D]ie ganze Aufführung dieses Wesens wäre nicht zu verstehen, wenn nicht aus dem *einen* Punkte, dass es Anfälle von völliger Verstandesgestörtheit hat.» (S. 119).

Fräulein Rottenmeier macht sich ein erstaunliches Bild von den Kindern der Schweizer Alpen: reine, engelhafte Wesen von ursprünglicher Unschuld, nicht ganz von dieser Welt und vor jeder Verderbnis gefeit. Sie sagt, sie habe davon ‹gelesen› – wir können somit davon ausgehen, dass sie sich von den zahlreichen Quellen der romantischen Literatur hat inspirieren lassen, die diese Kinder als Engel aus einer anderen – idealen – Welt beschreiben. Eine weitere Quelle der Inspiration bildeten Werke wie jenes des Berner Arztes und Dichters Albrecht von Haller (1708–1777), der die Berge als paradiesische Welt der Reinheit und Einfachheit beschreibt. So verkündet er etwa in seinem berühmten Gedicht *Die Alpen* (1729) feierlich: «Ihr Schüler der Natur, ihr kennt noch güldne Zeiten!» oder «Hier herrschet die Vernunft von der Natur geleitet».[22] Ähnlich wie Rousseaus *La Nouvelle Héloïse* trug Hallers Werk wesentlich zur Entstehung des Mythos der Schweizer Alpen bei und schon bald zog diese idealisierte Region Scharen von Touristen und Kurgästen an. Als ebenso wichtige Quellen aus dem 18. Jahrhundert sind die Idyllen des Zürcher Dichters Salomon Gessner (1730–1788) zu nennen: im Alpenraum angesiedelte, pietistisch angehauchte Pastoralen, die ein neues helvetisches Arkadien schufen, in dem die Schäfer und ihre Kinder fromm, grosszügig und tugendhaft sind.

Fräulein Rottenmeiers Haltung ist deshalb widersprüchlich, weil sie ein reines, aber keinesfalls ein einfaches Wesen erwartet. Einen Engel vielleicht, aber einen aus ihrer Sicht *wohlerzogenen* Engel oder zumindest eine *gründlich zivilisierte* Wilde. Da dieses idealisierte Bild eines engelhaften Wesens nicht der Realität entspricht, die sie vor Augen hat, wird Heidi für Fräulein Rottenmeier zwangsläufig oder, wenn man will, paradoxerweise zum Gegenteil dieser Illusion, zu einer verstörenden, monströsen, von jeglicher Zivilisation unbeleckten Verrückten.

Auch dieses Klischee war verbreitet; lange galten die Schweizer als Wilde und die damaligen Reisenden beschrieben mit einer Mischung aus Voyeurismus und Abscheu das Elend und den Schmutz in Häusern, wo ganze Familien auf engstem Raum mit den Tieren hausten. Geistig zurückgeblieben, skrofulös, rachitisch, schwachsinnig, missgestaltet – so wurden Bergbewohner beschrieben, die nicht selten an durch Heiraten unter Blutsverwandten bedingten Krankheiten litten. Zuweilen wurden diese Makel auf das erdige oder kalkreiche Trinkwasser in den Bergen, auf das nicht-jodierte Kochsalz oder die Ausdünstungen der Moore zurückgeführt. Und später kam eine Zeit, da man sich nicht scheute, Erinnerungspostkarten mit Fotos von Kretinen und Menschen mit Kröpfen zu versenden. Für Stadtmenschen war es nämlich sehr erstaunlich, dass eine so erhabene Natur von derart hässlichen und deformierten Wesen bewohnt und sogar bewundert werden konnte.

Anlässlich eines Aufenthalts in der Schweiz beschreibt Victor Hugo die Landschaft, auf die er von der Rigi oberhalb Luzerns blickt, mit diesen Worten:

> In einer Felsspalte sass, mit baumelnden Beinen auf einem grossen Stein, ein Idiot, ein Mann mit einem Kropf, mit schmächtigem Körper und ausladendem Gesicht, und lachte ein blödes Lachen, den Kopf voll von der Sonne beschienen, sah er einfach so vor sich hin. Oh abgründige Tiefe! Die Alpen boten ein Schauspiel, und der Zuschauer war ein Einfaltspinsel.[23]

Im zweiten Band des Romans, *Heidi kann brauchen, was es gelernt hat*, kommentiert Herr Sesemann, der auf die Alm zu Besuch gekommen ist, die Flucht des panikartig davonstürzenden Geissenpeters – den Grund dafür erfahren wir erst später – mit dem Ausruf: «Merkwürdig schüchterner Bergbewohner!» und wenig später spricht er von ihm als einem «einfachen Alpensohn» (S. 317).[24] Peter entspricht somit offensichtlich eher einem nicht idealisierten Bild des Alpenmenschen, wie ihn sich die Menschen des ausgehenden 19. Jahrhunderts vorstellten.

⋆

Aus dem Gespräch von Herrn Sesemann und Fräulein Rottenmeier wird jedenfalls deutlich, dass sie es war, die hinter dem Ansinnen stand, Klara ein Mädchen aus den Bergen als Spielkameradin zu suchen. Die «Versetzung» Heidis nach Frankfurt, um es mit den Worten des Hauslehrers zu sagen, war also auf ihre Initiative hin erfolgt; daraus ist zu ersehen, welch bedeutende Machtposition die Gouvernante im Hause Sesemann errungen hatte. Heidis Umzug nach Frankfurt ist jedoch auch das Ergebnis einer «Abrede» zwischen ihr und Heidis Tante Dete. Sie und Fräulein Rottenmeier hatten sich zuvor getroffen, um den ‹Coup›, der fast an eine Kindsentführung grenzt, in allen Einzelheiten vorzubereiten. Somit sind es vorläufig die beiden am wenigsten sympathischen Figuren des Romans, die die Handlung bestimmen und Heidis Unglück herbeiführen, auch wenn ihnen das Kind letzten Endes seine Förderung verdankt.

⋆

Nun liegt es am Hauslehrer, das Porträt der kleinen Schweizerin zu zeichnen, eines, von dem man erwartet, dass es wissenschaftlicher ausfallen würde, das jedoch in einen hochgestochenen, syntaktisch verworrenen Jargon ausufert, der die Spezialität des «Herrn Kandidaten» zu sein scheint:

> «Wenn ich mich über das Wesen dieses jungen Mädchens aussprechen soll, Herr Sesemann, so möchte ich vor allem darauf aufmerksam machen, daß, wenn auch auf der einen Seite sich ein Mangel der Entwicklung, welcher durch eine mehr oder weniger vernachlässigte Erziehung, oder besser gesagt, etwas verspäteten Unterricht verursacht und durch die mehr oder weniger, jedoch durchaus nicht in jeder Beziehung zu verurteilende, im Gegenteil ihre guten Seiten unstreitig dartuende Abgeschiedenheit eines längeren Alpenaufenthaltes.»

> «Ich möchte dem jungen Mädchen in keiner Art zu nahe treten [...] denn wenn es auch auf der einen Seite in einer Art von gesellschaftlicher Unerfahrenheit, welche mit dem mehr oder weniger unkultivierten Leben, in welchem das junge Mädchen bis zu dem Augenblick seiner Versetzung nach Frankfurt sich bewegte, welche Versetzung allerdings in die Entwicklung dieses, ich möchte sagen noch völlig, wenigstens teilweise unentwickelten, aber anderseits mit nicht zu verachtenden Anlagen begabten und wenn allseitig umsichtig geleitet –». (S. 119–121)

Er spricht also – um es kurz zu machen – von einem Entwicklungsdefizit, einer vernachlässigten Erziehung, bedingt durch die geografische Abgeschiedenheit der Heimat des Kindes, das zwar ungebildet, aber durchaus begabt sei. Auch hier denkt man wieder an den edlen Wilden, dem die ‹Wohltaten› der Zivilisation nicht zuteil geworden sind. Heidi ist eine hervorragende Anwärterin auf eine von Pestalozzis Ideen inspirierte Erziehung.

Schliesslich ist Klara an der Reihe und sie teilt ihrem Vater eine entspannte Version der Dinge mit. Sie spricht von Heidis freundlichem Wesen und davon, dass sie gute Laune verbreite und für willkommene Abwechslung sorge. «Und Heidi erzählt mir auch so viel!» (S. 121), schwärmt das Mädchen und beschwört ihren Vater, Heidi auf keinen Fall zurückzuschicken.

Durch Klaras Aussage bestärkt, verreist Herr Sesemann erneut und überlässt seinen Platz seiner Mutter, die nun eine wichtige Rolle im Haushalt spielen wird. Spyri führt somit eine neue Person ein, die gleichzeitig eine Symbolgestalt ihrer Romane ist: die Grossmutter als Hüterin der Tradition und Quelle der Weisheit und Frömmigkeit.

Nun ist Grossmutter Sesemann an der Reihe, das Mädchen kennenzulernen. Ihr erstes Anliegen ist es, Heidi das Lesen beizubringen, um ihre Freude dran zu wecken, ihre Fantasie anzuregen (die an sich bereits sehr lebhaft ist) und um ihr eine Technik an die Hand zu geben, die sie später ihrem Umfeld weitergeben kann. Darauf werde ich weiter unten noch zurückkommen.

Trotz dieser neuen, wohltuenden Präsenz stürzt Heidi in eine tiefe Krise, als sie realisiert, dass sie getäuscht worden ist: Ihr Aufenthalt in Frankfurt ist auf unbestimmte Zeit hinaus geplant. Obwohl sie hier nicht glücklich ist, will sie auch nicht flüchten und den Menschen, die sie lieben, wie Klara und ihrer Grossmutter, Leid bringen. Deshalb kämpft sie gegen sich selber, ein nobler Kampf gewiss, aber auch mit Risiken behaftet, denn schon bald beginnen sich die körperlichen Auswirkungen bemerkbar zu machen: Sie verliert den Appetit, leidet an Schlaflosigkeit, weint beständig und weigert sich sogar, sich der Sonne auszusetzen. Heidi ist in eine tiefe Depression gefallen. Spyri weiss, wovon sie spricht.[25]

Die Grossmutter weiss ein Gegenmittel, das ihrer pietistischen Lebenshaltung entspricht: Gebet und Gottvertrauen. Und so ist es das Thema von Heidis Niedergeschlagenheit, das dasjenige zur Beziehung zu Gott einleitet. Erst zu Beginn des letzten Drittels des Buches führt Johanna Spyri also ein Grundthema und zentrales Element ihres Lebens ein: die Religion. Wir erlebten zuvor zwar einen kurzen Auftritt des Dorfpfarrers, der sich mit dem Alm-Öhi stritt, und einige Anspielungen auf dessen Gottlosigkeit – mehr aber auch nicht. Wir vernehmen erstaunt, dass Heidi nie mit Gott spricht, und als sie einmal tatsächlich betete, geschah dies vor langer Zeit, zusammen mit ihrer ‹ersten› Grossmutter, Detes Mutter. Es scheint, als ob sie bis dahin ein wenig wie ihr Grossvater, der Alm-Öhi, gelebt habe, als Heidin im Herzen der Natur, deren Verehrung nur den Mächten und Gottheiten der Seen und der Berge galt … Aber nun handelt es sich um einen Notfall und Heidi reagiert unverzüglich:

> Heidi lief davon und hinüber in sein Zimmer, und hier setzte es sich auf einen Schemel nieder und faltete seine Hände und sagte dem lieben Gott alles, was in seinem Herzen war und es so traurig machte, und bat ihn dringend und herzlich, daß er ihm helfe und es wieder heimkommen lasse zum Großvater. (S. 132)

Endlich hat das Mädchen Rückhalt gefunden, einen Gesprächspartner, dem es seinen Kummer anvertrauen kann. Aber seine Bitte ist zu gross, zu anspruchsvoll; es erwartet ein Wunder, das nicht eintritt. Heidi ist entmutigt, weil der liebe Gott seinen Wunsch, auf die Alm zurückzukehren, nicht unverzüglich erfüllt. Nun erteilt ihm Grossmutter Sesemann eine Lektion: wenn du Gott verlässt, verlässt er auch dich. Gott kennt den richtigen Augenblick, um denen zu Hilfe zu kommen, die ihre Gebete an ihn richten – so die moralische Mahnung, die sich praktisch in allen Erzählungen Spyris findet.

*

‹Das fromme Kind› ist ein beliebter Gemeinplatz der Romantik, wie Marina Bethlenfalvay erklärt:

> Es gibt eine direkte Verbindung zwischen dem Christentum und der neuen Wertschätzung der Kindheit, die im 18. Jahrhundert beginnt, und die in der Romanfigur des romantischen Kindes ihre erste, äusserst beliebt gewordene Ausprägung erhält.[26]

> Die Frömmigkeit ist eines der grundlegenden Wesensmerkmale des romantischen Kindes – denken wir nur an *Paul et Virginie* oder an die Kindergestalten bei Marceline Desbordes-Valmore und Lamartine.[27]

> Chateaubriand spricht gerührt von der instinktiven Frömmigkeit des Kindes.[28]

> Es [das romantische Kind] ist fromm, liebevoll, äusserst mitfühlend mit den Unglücklichen und den Tieren, voller Vertrauen in die Menschen und das Leben, denn das Böse ist ihm fremd. [...] es scheint in Harmonie mit der Natur zu leben, in einer tiefen, unbewussten Verbundenheit mit allen Dingen.[29]

Dies liest sich ja wie ein vollständiges Porträt von Heidi!

*

Sobald sie das Gebet und damit eine neue, religiöse Dimension entdeckt, eröffnet sich ihr eine weitere Pforte: die der Lektüre – eine typisch protestantische Vorstellung (die spirituelle Entwicklung treibt das intellektuelle Wachstum voran) und ein weiteres Ergebnis von Grossmutter Sesemanns Wohltaten, die Heidi seit ihrer Ankunft konsequent fördert. Tatsächlich geschieht dann auch ein wahres Wunder: Heidi lernt «sozusagen über Nacht» lesen, zum grossen Erstaunen des Hauslehrers, der angesichts der unüberwindlichen Blockaden seiner Schülerin bereits die Hoffnung aufgegeben hatte. Es ist hier auch festzuhalten, dass die (im Laufe des 19. Jahrhunderts in Kinderbüchern eingeführten) Illustrationen die Fortschritte des Mädchens und seine neu erwachte Begeisterung wesentlich gefördert haben.

Das Lesen wird nun Heidis Lieblingsbeschäftigung. Sie nimmt alles, was sie liest, für bare Münze und identifiziert sich vollkommen mit den in den Geschichten dargestellten Personen (besonders wenn es darin etwa um einen Schafhirten, der allein in die Fremde zog, und seine überaus glückliche Heimkehr geht). Spyri erweist sich wiederum als gute Kennerin der kindlichen Seele, wollen doch Kinder dieses Alters häufig wissen: Ist das eine wahre Geschichte? Die Erzählung über eine sterbende Grossmutter wühlt sie völlig auf, weil sie in ihr Peters Grossmutter sieht, und glaubt, diese sei in Gefahr. Sie bricht in Tränen aus, bejammert den Tod der Grossmutter und kann sich nicht mehr erholen, bis Fräulein Rottenmeier ein Machtwort spricht und droht, ihr die Bücher wegzunehmen. Trotz der Entwicklungsfortschritte, die Heidi dank dieses neuen kulturellen Gepäcks erzielt hat, nimmt ihre Entfremdung nun eine neue, krankhafte Form an. Aus Heidi, die nicht lesen konnte, ist nun eine Heidi geworden, die zu viel gelesen hat und verrückt geworden ist. Sie nimmt Wesenszüge eines Don Quichotte an.

Nach der Abreise von Herrn Sesemann und seiner Mutter nehmen die Spannungen zu. Während am Tag Heidis Nervenkrisen die Bewohner des Hauses in Atem halten, sorgen zur Nachtzeit unerklärliche Geräusche und Türen, die sich von selber öffnen, für Aufregung. Spukt es in diesem Haus? Die Angst im Nacken, durchstöbern die Bediensteten das Haus, vergeblich. Des Nachts halten sie abwechslungsweise mit gezückter Waffe Wache, um die Eindringlinge zu überraschen. Plötzlich erscheint um ein Uhr früh eine weisse Gestalt und verschwindet wieder. Alle zittern und schaudern. Wer hätte gedacht, dass sich die Geschichte des kleinen Mädchens aus den Bergen zu einem veritablen Thriller entwickelt?

Fräulein Rottenmeier beschliesst tätig zu werden und benachrichtigt den abwesenden Herrn Sesemann und dessen Mutter; die beiden nehmen die Sache jedoch auf die leichte Schulter, was der Gouvernante sehr missfällt. In ihrem Antwortbrief wagt Grossmutter Sesemann sogar einen kleinen Scherz, indem sie versichert, Fräulein Rottenmeier werde sich mit dem Wiedergänger bestimmt gut verstehen. Nun greift diese zu gröberen Mitteln. Sie warnt die Kinder vor schrecklichen Gefahren, die auf sie lauern, was Klara in fürchterliche Angst versetzt, während Heidi, die überhaupt nicht versteht, worum es geht, darüber spottet. Die Gouvernante schreibt Herrn Sesemann erneut und klagt, der Gesundheitszustand seiner Tochter habe sich sehr verschlechtert – und siehe da, zwei Tage später ist der besorgte Vater zurück.

Erleichtert darüber, dass sich seine Tochter nach seiner Ankunft schnell wieder erholt, vermutet Herr Sesemann, dass sich seine Angestellten einen Scherz erlaubt haben. Dies irritiert jedoch Fräulein Rottenmeier, die fest davon überzeugt ist, dass es sich bei dem Gespenst um die ruhelose Seele eines verstorbenen Sesemann handle, der «hier herumrumort und Schauertaten abbüßt» (S. 152). Das wiederum geht dem Hausherrn zu weit und er verwahrt sich gegen jeden Versuch, seine «völlig ehrenwerten Ahnen» (S. 151) zu verdächtigen. Kurzum: die Spannung steigt.

Da alle davon überzeugt zu sein scheinen, dass es in diesem Hause spukt, entschliesst sich Herr Sesemann, es mit den Gespenstern aufzunehmen. Um einen Rückhalt und einen Zeugen zu haben, bestellt er seinen Freund Dr. Classen, den er mit Humor in die Sache einweiht. Sie richten sich für die Nacht ein, um Gespensterwache zu halten, ausgerüstet mit ein paar Flaschen schönen Weines, aber auch zwei Armleuchtern und zwei Revolvern in Griffnähe – man kann nie wissen ...

Dann schlägt es ein Uhr nachts. Die doppelt verriegelte und mit einem Holzbalken gesicherte Haustür öffnet sich kreischend. Herr Sesemann ergreift seine Pistole und den Leuchter: das Gespenst ist da! «Wer da?», ruft der Doktor und erschreckt damit ein zitterndes, verängstigtes Mädchen im weissen Nachthemd.

> Mit bloßen Füßen im weißen Nachtkleidchen stand Heidi da, schaute mit verwirrten Blicken in die hellen Flammen und auf die Waffen und zitterte und bebte wie ein Blättchen im Winde von oben bis unten. (S. 154)

Wie aber konnte es dazu kommen? Wo liegt des Rätsels Lösung? Die Befragung durch den Doktor ergibt, dass das Kind jede Nacht denselben Traum hat: es glaubt, es sei in der Hütte des Grossvaters, und öffnet die Tür, um die Sterne zu bewundern.

Die Diagnose des Arztes ist unwiderruflich: Heidi «konnte nicht mehr essen» (S. 131) – heute würde man sie als anorektisch bezeichnen – ein Leiden übrigens, das häufig mit einer gestörten Mutterbeziehung im Zusammenhang steht. Sie ist zum Skelett abgemagert und leidet an einer «in hohem Grade stattfindende(n) Nervenaufregung» (S. 157) als Folge von akutem Heimweh und unterdrücktem Schluchzen. Man befürchtet, das zur Schlafwandlerin gewordene Kind könnte gar aufs Dach steigen und dabei sein Leben aufs Spiel zu setzen ...

*

Das Gespenst, das im Haus der Sesemanns spukt, ist Heidis Doppelgängerin: das verlassene Kind und sein Umfeld werden mit der Rückkehr des Verdrängten konfrontiert. Im Zusammenhang mit dieser Episode verwendet Spyri mehrmals den Ausdruck ‹unheimlich›, den, wie bereits erwähnt, auch C.F. Meyer in seiner Novelle *Die Richterin* gebraucht und dem man später bei Sigmund Freud begegnet. Der Wortstamm ‹Heim› bezeichnet den Bereich des Angestammten, Vertrauten, Gewohnten, dessen Negation im Gegensatz dazu Beunruhigung, Fremdheit, Bedrohlichkeit signalisiert.

Somnambulismus (Schlafwandel) gibt es, seit es Menschen gibt. Das Leiden kommt bei Kindern relativ häufig vor, wenn sie nervösen Spannungen und Stress im familiären Umfeld ausgesetzt sind. In schweren Fällen besteht eine wirkliche Gefahr von Unfällen, sogar Stürzen aus dem Fenster. Dies passt genau ins Bild unserer Heidi. Das 19. Jahrhundert interessierte sich leidenschaftlich für solche Phänomene und was man damals Experimentalpsychologie (eine Art Vorläuferin der modernen Psychologie) nannte, führte zu einer wahren Flut von Studien und Experimenten, die auch die Spaltung der Persönlichkeit, die Hypnose und alle Formen von Neurosen und Hysterie einschloss. Bekanntlich standen in dieser Epoche auch der Spiritismus, das Tischerücken und Geistergeschichten hoch im Kurs.

Das Interesse oder besser gesagt die Faszination am Somnambulismus beschränkt sich freilich nicht auf das rein Medizinische, denn schon seit Urzeiten haben sich alle Kunstgattungen mit dieser Erscheinung beschäftigt. Man denke nur an Shakespeares Lady Macbeth, das Gemälde *Die schlafwandelnde Lady Macbeth* von Johann Heinrich Füssli oder die Oper *La somnambula* (1831) von Vincenzo Bellini, die von der gleichnamigen Vaudeville-Komödie von Eugène Scribe inspiriert war, in der Amina, die unwissentlich untreue Verlobte, die berühmte Frage stellt: Soll man einen Schlafwandler wecken?

Der Arzt Étienne Eugène Azam (1822–1899) schrieb zum Phänomen des Somnambulismus:

> Chez les somnambules spontanés ou provoqués, l'intelligence peut être hyperesthésiée [fortement stimulée], pour ainsi dire, et certaines de ses fonctions, la mémoire, par exemple, acquérir une puissance considérable ou avoir des dépressions subites.[30]

Eine Beschreibung, die sehr wohl auf Heidi zutrifft.

⋆

Für Heidi gibt es jetzt nur noch eine einzige Therapie: Sie muss unverzüglich auf die Alm zurück; nur die heilsame Alpenluft kann sie noch retten – dies ist eine ärztliche Verordnung!

> «Dieser Zustand ist keine Krankheit, die man mit Pulvern und Pillen heilt. Das Kind hat keine zähe Natur, indessen, wenn du es jetzt gleich wieder in

die kräftige Bergluft hinaufschickst, an die es gewöhnt ist, so kann es wieder völlig gesunden.» (S. 157–158)

Wir werden später auf dieses Krankheitsbild zurückkommen, das den Höhenkurorten gute Umsätze bescheren sollte. Aber wenden wir uns zunächst der Ursache des Übels, dem Heimweh, zu. Dieses galt als wirkliche Krankheit und ausserdem als typisch schweizerisches Leiden (es war auch unter der Bezeichnung ‹Schweizerkrankheit› bekannt). Es befiel häufig die im Ausland dienenden Söldner, war potenziell tödlich und konnte nur geheilt werden, wenn der Patient wieder in die Höhe verbracht wurde, so dass «die Arterien nicht mehr zusammengedrückt wurden und das Herz belasteten». Man sprach in diesem Zusammenhang auch von «Störungen der Imagination».

In seiner Dissertation von 1806 behauptet der französische Arzt Castelnau allen Ernstes, dass die einzige wirksame Therapie in den von ihm untersuchten sieben klinischen Fällen – fünf davon betrafen Schweizer – darin bestand, den Heimwehkranken in sein Land zurückzuschicken. Und Albrecht von Haller schlug gar vor, den Patienten auf einen Turm zu bringen, um ihn die leichtere Luft einatmen zu lassen!

Als gefährlichster Auslöser von schweren Heimwehattacken galt der Kuhreihen (*Ranz des vaches*), ein als Lockruf dienender *a cappella*-Gesang der Freiburger Sennen, dessen Ursprungsgebiet sich geografisch bis in die Appenzeller Voralpen erstreckt. Reichler spricht in diesem Zusammenhang von einer «landschaftlich gebundenen Melodie» und einer «klingenden Landschaft».[31]

Gemäss einer Legende war es Schweizer Söldnern gar verboten, den Kuhreihen zu singen, weil grosse Gefahr bestand, dass sie an Heimweh erkrankten und desertierten. Die Wirkung des Kuhreihens auf die Gefühle dieser Expatriierten war übermächtig, weil er das Bild der Alpen unmittelbar wachrief, «als könne allein vermöge der Töne die Landschaft in ihnen wiederkehren».[32] Zu seiner Popularisierung trug wohl auch Jean-Jacques Rousseau bei, der ihn in seinem *Dictionnaire de musique* von 1767 neben anderen «exotischen Weisen» – etwa aus China, Persien oder Kanada – erwähnte.

Die Reihe der vom Kuhreihen mehr oder weniger inspirierten musikalischen, dramatischen und lyrischen Werke ist lang. Stellvertretend seien hier nur Rossinis Oper *Wilhelm Tell* und Schillers gleichnamiges Schauspiel erwähnt, das die Taten des Schweizer Nationalhelden schildert, sowie, als Kuriosität, die erste in den USA komponierte Oper *The Archers, or Mountaineers of Switzerland* (1796) von William Dunlap. In der Musik findet man das Thema des Kuhreihens bei Liszt, Beethoven, Berlioz, Strauss, Schumann und erstaunlicherweise sogar bei Wagner (in *Tristan und Isolde*).

Auch Meta Heusser, Johanna Spyris Mutter, macht hier keine Ausnahme und erwähnt den alpinen Hymnus in ihrem Gedicht *Goldau*:

> Wie tönten einst des Hirtenvölkleins Lieder
> Und Kinderjubel, *Sennenreigenton*
> Von Rigi's Höh'n und Ruffi's Wäldern wieder![33]

Sie hat auch ein schönes Gedicht mit dem Titel *«Selig sind, die Heimweh haben»* geschrieben. Selig, weil sie, wie Spyris Heidi und van Kamps Adelheid, alles daran setzen, wieder in die Heimat zurückzukehren.

Heidi muss unbedingt gerettet werden! Der Befund des Arztes ist so alarmierend, dass man nicht einmal abwarten mag, bis der Morgen graut. Jetzt heisst es: Klarmachen zum Aufbruch! Es ist vier Uhr in der Frühe und Herr Sesemann weckt das ganze Haus, um unverzüglich Heidis Rückreise zu organisieren. Es kommt zu einer köstlichen Szene: Mit feinem Humor, der wohl zu wenig gewürdigt worden ist, beschreibt Spyri ein völlig verbiestertes Fräulein Rottenmeier, das ihren Hut verkehrt herum aufsetzt, «daß es von weitem aussah, als sitze ihr das Gesicht auf dem Rücken» (S. 160). Man lässt nach Dete schicken, die in einem anderen Haus in der Stadt beschäftigt ist, aber allein schon der Gedanke, sich erneut mit dem Alm-Öhi auseinandersetzen zu müssen, lässt sie tausend Gründe finden, weshalb sie das Kind nicht begleiten kann. Somit fällt das Los auf Sebastian, den sympathischsten unter Herrn Sesemanns Bediensteten, dem diese Mission übertragen wird, ohne ihm wirklich die Wahl zu lassen.

Es gilt keine Zeit zu verlieren. Die beiden Reisenden setzen sich in den Zug, der sie zunächst nach Basel und dann nach Maienfeld bringt. Sebastian kennt nur den Horizont der Frankfurter Dächer, fürchtet die Gefahren der Bergwelt und scheut die Strapazen eines Fussmarsches im steilen Gelände. Mit schlechtem Gewissen vertraut er deshalb Heidi dem Bäcker an, der es mit seinem Wagen ins Dörfli fährt. Dieser hatte das Kind noch nie zuvor gesehen, aber viel von ihm reden gehört. Heidi ist also bereits eine kleine Berühmtheit. Die Menschen im Dorf wundern sich übrigens über die plötzliche Heimreise Heidis und ihre Rückkehr zum Alm-Öhi, von dem es heisst, dass er verschlossener geworden sei denn je und ein Gesicht mache, als ob er jeden umbringen wolle, der ihm zu nahe kommt.

Als das Kind der Szenerie seines vergangenen Glücks wiederbegegnet, ist es völlig überwältigt: «alles zitterte an ihm» (S. 169). Als erstes eilt Heidi zu Peters Grossmutter, von der es immer noch befürchtet, sie könnte inzwischen gestorben sein. Auf sie hat das Mädchen sein ganzes Bedürfnis nach mütterlicher Liebe übertragen. In Frankfurt hat Heidi stets an sie gedacht und sogar heimlich entwendete Brötchen gehortet, um sie ihr zu bringen, ohne zu ahnen, dass diese austrocknen und ungeniessbar würden. Nun nimmt sie den steilen Weg zur Hütte des Grossvaters unter die Füsse, inmitten einer hinreissenden, gleichsam mystischen Gebirgsszenerie:

> Jetzt fiel ein roter Schimmer vor seinen Füßen auf das Gras, es kehrte sich um, da – so hatte es die Herrlichkeit nicht mehr im Sinn gehabt und auch nie so im Traum gesehen – die Felshörner am Falkniß flammten zum Himmel auf, das weite Schneefeld glühte, und rosenrote Wolken zogen darüber hin. Das Gras rings auf der Alm war golden, von allen Felsen flimmerte und leuchtete es nieder, und unten schwamm weithin das ganze Tal in Duft und Gold. (S. 172)

Diese Landschaft weckt in Heidi ein bisher ungekanntes religiöses Gefühl und von diesem Augenblick an erhalten alle Lehren der Grossmutter Sesemann Sinn. Innerlich gereift durch die in Frankfurt durchgemachten Prüfungen – einer wahrhaften Initiation, die sie an den Rand des Wahnsinns und des Todes trieb, ihr aber auch seelisches Wachstum ermöglichte – findet unsere Heldin Halt im Gebet und Vertrauen auf Gott.

> Heidi stand mitten in der Herrlichkeit, und vor Freude und Wonne liefen ihm die hellen Tränen die Wangen herunter, und es mußte die Hände falten und in den Himmel hinaufschauen und ganz laut dem lieben Gott danken, daß er es wieder heimgebracht hatte und daß alles, alles noch so schön sei und noch viel schöner, als es gewußt hatte, und daß alles wieder ihm gehöre. Und Heidi war so glücklich und so reich in all der großen Herrlichkeit, daß es gar nicht Worte fand, dem lieben Gott genug zu danken. (S. 172–173)

Heidi ist wieder daheim und hat ihr Paradies wiedergefunden.

> Sein großes, brennendes Verlangen war gestillt worden: es hatte alle Berge und Felsen wieder im Abendglühen gesehen, es hatte die Tannen rauschen gehört, es war wieder daheim auf der Alm. (S. 177)

Alles hat sich wieder in vollendeter Harmonie zusammengefügt, gleichsam in einem idealen Dreieck von Gott, Mensch und Natur. Heidi ist mit sich selbst und der Welt versöhnt. Oder wie es Albrecht von Haller formulierte: «Entfernt vom eiteln Tand der mühsamen Geschäfte / Wohnt hier die Seelen-Ruh, und flieht der Städte Rauch».[34]

⋆

Ich kann der Versuchung nicht widerstehen, diesen Passagen einen von Reichler zitierten Text entgegenzuhalten, nämlich die *Lettres sur quelques parties de la Suisse* (1778) des Genfer Naturforschers und Rousseau-Freundes Jean André De Luc, der darin die Eindrücke einer Mademoiselle S., Gesellschafterin der englischen Königin, angesichts des Alpenpanoramas beschreibt:

> Während sie so in stummer Träumerei verharrte, traten Tränen unter ihren halb geschlossenen Lidern hervor, und alsgleich zeigte sich ein Lächeln auf ihren Lippen, mit dem sie die Tränen zu entschuldigen suchte. «Was ist mir?», fragte sie verwundert. «Wahrlich, ich weine vor Glück ... Sollte ich mit einem Male in mein früheres Leben zurückgekehrt sein?»[35]

Reichler kommentiert die Szene mit folgenden Worten:

> Mademoiselle S. kehrt zum einfachen Glück und zur Unbefangenheit ihrer kindlichen Tränenergüsse zurück und findet so wieder Zugang zum ungebrochenen Gefühl ihres Lebens. Ihre Seele öffnet sich ihr in ihrem Gleichklang mit der Natur.[36]

und ergänzt:

> [Es] wird anderseits aber auch deutlich, dass die Erschütterung nicht nur den Blick tangiert, sondern dass der Körper als Ganzes davon betroffen ist. Diese zum ersten Mal fliessenden Tränen stehen für einen Komplex von Emotionen, die das Gemeingefühl, die Könästhesie, ausmachen, bei der alle Sinne zusammenwirken.[37]

Auch wenn Heidi noch ein Kind ist und man sie nicht wirklich aufwachsen sieht, besitzt sie doch Lebenserfahrung. In den zitierten Abschnitten über Heidis Heimkehr auf die Alm weisen die Tränen darauf hin, dass – wie im Falle der Mademoiselle S. – alle Sinne am Erleben beteiligt sind: der Gesichtssinn (die «Herrlichkeit» des Naturschauspiels), das Gehör (Heidi hört den Wind in den Tannen rauschen), der Tastsinn (Heidi umarmt den Grossvater), der Geschmacksinn (er gibt ihr Milch zu trinken, sie hat noch nie etwas so Köstliches getrunken). Die aufwühlenden Sinneserfahrungen lösen in Heidi einen religiösen Impetus aus und sie beginnt zu beten. Das Hochgefühl der Sinne verbindet sich bei Spyri mit der Verherrlichung der – auf das Göttliche und das Erhabene bezogenen – Gefühle.

Andererseits muss man auch sehen, dass Heidis Rettung wesentlich der Intervention eines Menschen und Wissenschaftlers zu verdanken war. Ohne Dr. Classen aus Frankfurt, der die Dringlichkeit der Situation erkannte, hätte das Kind möglicherweise nicht überlebt. Wir erinnern uns: Auf dem Hirzel existierte dieses erstaunliche Zusammenleben zwischen Medizin (vertreten durch Johanna Spyris Vater, den Chirurgen und Psychiater) und Religion (verkörpert durch ihre Mutter, die pietistische Dichterin).

*

Durch die Rückkehr in die Natur haben jedoch die Lehren des Aufenthalts in Frankfurt ihre Gültigkeit nicht verloren, denn schliesslich ist die Zivilisation nicht nur mit Mängeln behaftet. Es ist übrigens sicher kein Zufall, dass die Rolle des Lesens und Schreibens bei Spyri eng mit der Religion verknüpft ist. Heidi hat lesen gelernt und ist entschlossen, diese Fähigkeit nun Peters Grossmutter zugute kommen zu lassen, denn diese träumt davon, dass man ihr die Texte von Kirchenliedern vorliest. Eigentlich wäre zu erwarten, dass Spyri hier Gedichte ihrer – auf diese Genre spezialisierten – Mutter Meta Heusser zitiert; ihre Wahl fiel jedoch auf einen 1666 verfassten Text des berühmtesten deutschen Dichters von Kirchenliedern, Paul Gerhardt (1607–1676), der denselben Geist atmet:

> Die güld'ne Sonne
> Voll Freud' und Wonne
> Bringt unsern Grenzen
> Mit ihrem Glänzen
> Ein herzerquickendes, liebliches Licht.
>
> [...]
>
> Mein Auge schauet
> Was Gott gebauet
> Zu seinen Ehren,
> Und uns zu lehren,
> Wie sein Vermögen sei mächtig und groß.
>
> Und wo die Frommen
> Dann sollen hinkommen,
> Wenn sie mit Frieden
> Von hinnen geschieden
> Aus dieser Erde vergänglichem Schoß.
>
> [...] (S. 182)

Die Botschaft dieses Textes ist klar und bringt diesen wichtigen Augenblick des Romans auf den Punkt: Heidi hat lesen gelernt und das ausgewählte Lied ist ein Gedicht, das die Natur als ein grossartiges Werk Gottes verherrlicht. Damit ist im Grunde alles gesagt.

Die Grossmutter ist danach wie verwandelt und richtet ihre blinden Augen zum Himmel. Natürlich könnte man sagen, dass Spyri sich hier ihren pietistischen Neigungen – oder Anwandlungen von religiösem Eifer – überlässt, die für heutige Leserinnen und Leser vielleicht etwas befremdlich sind. In den meisten Kinderausgaben wurde dieses lange Gedicht – das Heidi auf Wunsch der Grossmutter sogar teilweise wiederholen muss – weggelassen, offenbar aus Furcht, die jungen Leser könnten sich langweilen. Dies hätte Spyri aber bestimmt missfallen, denn für sie hatten ihre Bücher durchaus auch eine katechetische Dimension.

Der religiöse Aspekt gewinnt zusehends an Bedeutung, je näher sich das Buch seinem Ende zuneigt. Zwischen dem Alm-Öhi und Heidi entspinnt sich ein Gespräch, das man schon fast als theologischen Diskurs bezeichnen könnte. Durch die eigenen Erfahrungen und die Lehren der Grossmutter Sesemann bestärkt, vertritt Heidi gegenüber dem skeptischen Alten mit Festigkeit seine Überzeugung, der liebe Gott tue immer das Richtige, wenn die Zeit dafür gekommen sei, und vergesse keinen Menschen. Um seine Position zu veranschaulichen, liest ihm das Kind das Gleichnis vom verlorenen Sohn (Lukas 15, 21) vor (wobei es der Erzählung einen bukolischen Unterton verleiht, indem es die biblische Landschaft mit Kühen und Schafen bevölkert). Ist dieser verlorene Sohn am Ende der Grossvater, der die Schweiz verlassen hatte, um anderswo ein liederliches Leben zu führen, bevor er wieder nach Hause kam, um sich fernab von allen Menschen auf der Alm zu verbarrikadieren?

Wie bereits zu Beginn des Buches steigt der Grossvater erneut in die Kammer hinauf, um das schlafende Kind zu betrachten; Heidi liegt mit zum Gebet gefalteten Händen im tiefen Schlummer da. Wie ein Schock wirkt die nun folgende, fast mystische Szene, als der Alm-Öhi, dieser gottlose, verstockte und asoziale Greis, plötzlich zu Gott spricht, indem er die eben gehörten Worte des verlorenen Sohnes wiederholt: «Vater, ich habe gesündigt gegen den Himmel und vor dir und bin nicht mehr wert, dein Sohn zu heißen!» (S. 188) und zu weinen beginnt.

Es kommt zu einer spektakulären Bekehrung: am nächsten Morgen – es ist Sonntag – heisst der Grossvater Heidi, mit ihm zur Kirche zu gehen. Im Dörfli reibt man sich die Augen. Danach besucht er den Pfarrer: grosse Versöhnung. Der Alte erklärt sich sogar bereit, den Winter im Tal unten zu verbringen und Heidi zur Schule zu schicken. Das ganze Dorf drängt sich zusammen, um den Alm-Öhi zu empfangen. Im Grunde, sagt man sich, ist er nicht so schlecht. Sein Gesicht heitert sich auf, er wird schön, er ist bereit, Gutes zu tun. Das verirrte Lamm ist zur Herde zurückgekehrt.

*

Ein *Happy End* wie in einem netten Walt Disney-Film. Man kann dies alles entweder ein bisschen überstürzt, himmlisch oder recht fade finden; man kann aber auch gerührt sein. Die wirkliche Frage ist: kommt diese Geschichte bei den – damaligen und heutigen – Kindern an?

Das Buch schliesst mit der Ankündigung eines Besuchs Klaras auf der Alm. Das Mädchen langweilt sich nämlich sehr, seit Heidi von Frankfurt weggezogen ist. Die Nachricht erfüllt das Bergkind mit unbeschreiblicher Freude und weckt im Leser eine Erwartung: die nach einem zweiten Band des Romans ...

Heidi kann brauchen, was es gelernt hat

Hygiene und Bildung

Nach dem beispiellosen Erfolg des ersten Bandes drängte sich eine Fortsetzung des Romans geradezu auf. Wie gesagt erweckte der angekündigte Besuch Klaras Erwartungen in der Leserschaft; auch kann man sich gut vorstellen, dass Spyri bereits beim Schreiben des ersten Bandes eine Fortsetzung plante.

Der Titel des Fortsetzungsbandes in der französischen Übersetzung – *Encore Heidi* – ist nicht glücklich gewählt, denn man könnte hier fast einen gewissen Überdruss hineinlesen. Spyri liess es bekanntlich bei diesem zweiten Band bewenden, während der bereits in Gang gekommene Heidi-Mythos eine lange Reihe von französischen Fortsetzungsgeschichten – Heidi als Heranwachsende, als junge Mutter, als Grossmutter, auf Reisen usw. – nach sich zog, deren Autor der eigenartige Charles Tritten war, auf den wir später zurückkommen werden und der nicht der Einzige bleiben sollte, der die Saga weiterführte. Auch war es Tritten, der als neuer Übersetzer die *Heidi*-Bücher ab 1939 ins Französische übertrug und den Buchtiteln eine neue Färbung verlieh. Den ersten Band betitelte er *Heidi. La merveilleuse histoire d'une fille de la montagne* und den zweiten *Heidi grandit. Suite de la merveilleuse histoire d'une fille de la montagne.* Die Illustrationen zeigen Heidi noch mit braunem Haarschopf. Kino und Werbung werden sie später zu einem blonden Tirolermädchen mit Zöpfen machen – auch darauf werden wir später zurückkommen.

Während die beiden französischen Titel lediglich die packende Geschichte eines Bergkinds und deren Fortsetzung versprechen, kommt in Spyris Titeln eine deutliche pädagogische Absicht zum Ausdruck. Die Überschrift des ersten Bandes ist direkt von Goethes *Wilhelm Meisters Lehrjahre*, dem grossen Bildungsroman der deutschen Klassik, inspiriert.

Der zweite Heidi-Band, der uns wieder nach Frankfurt führt, beginnt mit einem mitleiderregenden Porträt von Herrn Sesemanns Freund Dr. Classen, der Gattin und Tochter verloren hat – womit die für Spyri so kennzeichnende lange Reihe von Verstorbenen eine weitere Ergänzung erfährt. Classen übernimmt ausserdem die Rolle des Überbringers schlechter Nachrichten, denn er hat Klara, die sehr krank ist, jegliche Ortsveränderung verboten. Spyri stürzt uns noch einmal in die Depression: Klaras Besuch auf der Alm fällt aus. An ihrer Stelle schickt man den herzensguten Doktor, dem man jede Menge Pakete und Botschaften mitgibt.

Derweil schwebt Heidi auf ihrer Alm in Euphorie, was sie aber nicht daran hindert, ihre Füsse auf dem Boden zu behalten, «denn Heidi wußte nun recht gut, daß man immer sauber und ordentlich aussehen mußte» (S. 213). ‹Sauber und ordentlich› – könnte es sein, dass wir diesen urschweizerischen Ausdruck Heidi zu verdanken haben?

*

Als sich im späten 19. Jahrhundert im Gefolge von Pasteurs Entdeckungen bezüglich der Rolle der Bakterien und Mikroorganismen neue Theorien der Hygiene durchsetzten, wurde die Förderung der öffentlichen Gesundheit zu einem zentralen und vordringlichen Anliegen der damaligen Behörden, nicht nur der Schweiz, sondern der meisten industrialisierten Länder. Diese Entwicklung wirkte sich bald auch auf den Städtebau und die Sanierung ganzer Wohnbezirke aus. In vielen Städten, wie z.B. im Paris Baron Haussmanns, wurden ganze Arbeiterquartiere abgerissen, weil sie für ungesund und unhygienisch erachtet wurden – Quartiere, wie sie Zola in seinen Romanen so plastisch geschildert hatte – und durch besser durchlüftete Boulevards und Avenues ersetzt. Auch in Genf liess James Fazy die Festungen niederreissen, um die Stadt zu öffnen.

Dass die Schweiz so etwas wie die Weltmeisterin der Hygiene geworden ist, hat grösstenteils mit ihrem durch die alpine Geografie und die Thermalbäder bedingten Gesundheitstourismus zu tun. Insbesondere die schweizerische Hotellerie fühlte sich dem Image des reinen und gesunden Bergklimas verpflichtet und setzte sich darum das ehrgeizige Ziel, den striktesten Hygieneregeln zu entsprechen. Diese füllten die Seiten der immer zahlreicher erscheinenden Handbücher – am bekanntesten wohl das Werk mit dem programmatischen Titel *Das häusliche Glück* von 1881 – für die vollkommene Hausfrau, mit ihren methodischen Programmen einschliesslich exakten Zeitplänen für die minutiöse Reinigung des Heims, für das Putzen bis zur Obsession.

Das von den Vertretern der westschweizerischen Erweckungsbewegung (dem *Réveil*, einem Pendant zum Pietismus in der Deutschschweiz) propagierte Idealbild der mustergültigen Hausfrau passte gut zu diesem Sauberkeitsideal. «Spare nie an Seife und stelle Besen, Stauber und Abwischer nie zu weit aus dem Wege», empfiehlt *Das häusliche Glück*.

In den Kompetenzbereich der Hygiene fiel auch die Moral. Ist das Haus sauber, so muss es auch die Seele sein: «Die Reinlichkeit ist die Beschützerin der Gesundheit, der Hort der Sittsamkeit, die Grundlage aller Schönheit», mahnt diese Bibel der Ordnung und Reinlichkeit. Schon Jakob Böhme (1575–1624), der grosse deutsche Mystiker und Theosoph, meinte, wenn eine Magd unter den Augen des Allmächtigen eine Kammer fege, sei dies eine grossartige Tat.

Diese Auffassung findet sich auch in Spyris Texten, wo Gott ohne weiteres mit Besen und Wischlappen in Verbindung gebracht wird: «Der liebe Gott hat ihn gebraucht, wie ich meinen Besen brauche [...] So macht der liebe Gott uns das Herz wieder sauber und in Ordnung» *(Was der Grossmutter Lehre bewirkt)* oder: «Bist du jetzt auch so fleckenlos nach innen wie nach außen?», fragt eine Mutter ihre Tochter in *Am Felsensprung* (beides in *Kurze Geschichten*).

Vor dem Gesundheitstourismus gab es in der Schweiz jedoch bereits einen Fremdenverkehr, dessen Beginn zeitlich mit der ‹Erfindung der Berge› – will sagen: der Entdeckung ihrer Schönheit – zusammenfiel. Die Berge, die von jeher als beunruhigend und gefährlich galten, wurden im 18. Jahrhundert von Gelehrten wie etwa dem Zürcher Johann Jakob Scheuchzer oder dem Berner Gottlieb Sigmund Gruner wissenschaftlich erforscht. In der Folgezeit gewannen sie unter dem Einfluss Rousseaus und der Romantiker zusehends an Attraktivität und wurden zum Inbegriff der Erhabenheit.

Die vom 18. Jahrhundert an stetig wachsende Begeisterung der Fremden, vor allem der Engländer, für die landschaftlichen Schönheiten der Schweiz – die genährt wurde durch die Lektüre von Albrecht von Haller, Rousseau, Lord Byron, Goethe, Horace Bénédict de Saussure, Eugène Rambert, Ruskin und vielen anderen (nicht zu vergessen die Bilder eines Turner oder die vielen Stiche, die damals in Umlauf waren) – erreichte ungekannte Ausmasse, als die Thermalstationen in Mode kamen, deren Werbekampagnen um 1880, das Jahr der Veröffentlichung von *Heidi*, in vollem Gange waren.

Die Touristen kamen wegen der Schönheit der Landschaft in die Schweiz, aber auch und vor allem, um etwas Gutes für ihre Gesundheit zu tun. Die Liste der Vertreter der gesellschaftlichen und literarischen Prominenz, die die Thermalbäder der Schweiz aufsuchten – etwa Stevenson, Nietzsche oder Victor Hugo, um nur drei Namen zu nennen – ist lang und eindrücklich. Während die Badekur und der Aufenthalt im Berghotel ein Luxus blieben, der den begüterten Touristen vorbehalten war, galt auch das blosse Einatmen der Alpenluft bereits als medizinisches Wundermittel. In seinem Reiseführer schreibt der deutsche Arzt Johann Gottfried Ebel (1764–1830): «Ich habe mich oft gewundert, daß der Aufenthalt in reiner Bergluft so unbegreiflich selten als ein diätetisches Mittel empfohlen wird. Es könnte doch in so manchen Beschwerden [...] ungemein wichtig seyn».[38]

Neben der guten, reinen Höhenluft galt es aber auch die Vorzüge der Heilpflanzen wie z.B. der Schafgarbe, des gelben Enzians oder des Meisterwurzes zu bedenken, die nur in den Alpen vorkommen. Und auch tierische Produkte standen diesbezüglich nicht zurück: Hier hatte man die Wahl zwischen Murmeltierfett (das heute noch verkauft wird) gegen rheumatische Beschwerden, die Innereien des Bartgeiers gegen Epilepsie, Bärengalle gegen Gallensteine, Hörner und Knochenmark des Steinbocks gegen alles (es mag überraschen, aber seit 2010 macht ein Steinbockhorn-Spray mit dem Spitznamen ‹Alpen-Viagra› Furore ...) oder schliesslich Ziegenmolke mit Kuhmist zur Bekämpfung von Schwindsuchtepidemien. Fügt man zu dieser Liste die hilfreichen Mineralien hinzu wie Bergkristall, Ammonshörner oder Steinsalz, so wird klar, dass ein Aufenthalt in den Alpen der Gesundheit förderlicher sein muss als alle Apotheken dieser Welt!

Am deutlichsten hat den wohltuenden Effekt eines Bergaufenthalts wohl Rousseau in seinem Briefroman *Julie ou la Nouvelle Héloïse* (1762) formuliert:

> Es scheint, als ob man, sich erhebend über die Wohnstätten der Sterblichen, alle niederen, irdischen Gefühle zurückließe, als ob die Seele, je mehr man sich der ätherischen Region nähert, etwas von deren unwandelbarer Reinheit annähme. Man fühlt sich ernst gestimmt ohne Wehmut, friedvoll

ohne Schlaffheit, froh des Daseins und des Denkens; jede zu lebhafte Begierde dämpft sich ab, verliert den scharfen Stachel, der sie schmerzhaft macht, und lässt im Herzen nichts als eine leichte, sanfte Erregung; und so bewirkt ein glückliches Klima, dass zur Glückseligkeit des Menschen die Leidenschaften dienen, welche ihm anderwärts zu Marter werden. Ich glaube nicht, dass irgendeine heftige Gemütsbewegung, irgendein krankhafter Zustand, der aus dem Magen stammt, gegen einen längeren Aufenthalt in solchen Gegenden Stich halten könnte, und ich wundere mich, dass nicht Luftbäder in heilsamer, wohltätiger Bergluft zu einem Hauptmittel gegen leibliche und geistige Leiden gemacht werden.[39]

*

Heidi scheint alle Regeln des berühmten Handbuchs für Hausfrauen auswendig gelernt zu haben, denn unsere kleine Fee macht ihr Bett perfekt, versorgt jedes Ding an seinem Platz, putzt alles blitzblank – was der Grossvater freilich nicht als gute Schweizer Gepflogenheit sieht, sondern auf den zivilisierenden Einfluss ihres Auslandaufenthalts zurückführt. Die extreme Ordnungsliebe Heidis scheint im Widerspruch zu ihrem unersättlichen Bedürfnis nach dem Kontakt mit der Natur zu stehen, die unablässig ihre Aufmerksamkeit gefangen nimmt.

Die Ankunft Dr. Classens auf der Alp nimmt Heidi mit einer Mischung von Freude und Enttäuschung auf: er kommt allein, Klara war zu krank, um die Reise zu bewältigen, – es wird ihr wohl erst im kommenden Frühjahr möglich sein, in die Alpen zu reisen. Einmal mehr wirkt die gute Bergluft Wunder und dem traurigen, geschwächten Doktor geht es gleich besser. Der Blick auf die sonnenbeschienenen Gipfel und der Genuss einiger Scheiben Trockenfleisch reichen ihm, um sich wieder jünger zu fühlen!

Heidi ist nicht nur eine perfekte Bergführerin, sie gibt Dr. Classen, dem, wie er sagt, sein trauriges Herz bis in die Berge gefolgt ist, eine Lektion in religiöser Moral, deren Geheimnis das Mädchen nun zu kennen glaubt. Ihre Ausführungen gemahnen stark an das ‹amerikanische› positive Denken (es ist wohl kein Zufall, dass das Buch in den USA so erfolgreich war): Gott hat immer «etwas Freudiges» für uns in Reserve.

Der Doktor ist gerührt, aber er spricht von einem Schatten der Traurigkeit, der auf seiner Seele liege und der ihn daran hindere, das

Schöne zu geniessen. Heidi denkt an die blinde Grossmutter und findet sofort das passende Rezept: ein schönes Kirchenlied (wiederum ein Gedicht von Paul Gerhardt), das von einer unfassbaren Gnade spricht, die im richtigen Moment und – durchaus protestantisch gedacht! – als unentgeltliches Geschenk vom Himmel fällt.

Die Wirkung ist auch dieses Mal ergreifend und der alte Herr fühlt sich an eine Szene seiner Kindheit erinnert:

> Er war in eine längst vergangene Zeit zurückversetzt. Da stand er als ein kleiner Junge neben dem Sessel seiner lieben Mutter; die hatte ihren Arm um seinen Hals gelegt und sagte ihm das Lied vor, das er eben von Heidi hörte [...] Jetzt hörte er die Stimme seiner Mutter wieder. (S. 229)

Auch der Alm-Öhi ist ein wandelnder Leitfaden zur Natur und ihren Geheimnissen. Die Botschaft ist klar: Er ist der edle Wilde, der den Mann der Wissenschaft belehrt, oder anders: der Freitag, der seinem Robinson Lebenshilfe anbietet.

Aber alle guten Dinge gehen einmal zu Ende und Dr. Classen muss wieder zurück nach Frankfurt. Bevor es soweit ist, erleben wir eine rührende Szene, in der der Doktor gar davon spricht, Heidi zu adoptieren. Das Kapitel endet mit einem Satz, der wie die Quintessenz des ganzen Buches klingt: «Dort oben ist's gut sein, da können Leib und Seele gesunden, und man wird wieder seines Lebens froh.» (S. 236)

Nun kommt der Winter, und die Lebensbedingungen, die Spyri ziemlich realistisch beschreibt, werden härter. Wie versprochen zieht der Alm-Öhi mit Heidi ins Dörfli, wo sich die beiden in einem verlotterten ehemaligen Herrenhaus – ein wahres Meisterstück mit Hauskapelle und bemaltem Kachelofen im völligen Zerfall – einrichten. Das Haus war früher von einem Schweizer Söldner bewohnt gewesen, der in spanischen Diensten gestanden hatte. Die Vergangenheit dieser im Ausland kämpfenden Schweizer wird noch einmal heraufbeschworen und wir erinnern uns daran, dass der Alm-Öhi – wie am Anfang des ersten Bandes erwähnt – selber einmal in Neapel gedient hat.

Der Einzug des Winters im Dörfli bedeutet, dass die Kinder nun wieder zur Schule gehen, was der historischen Realität entsprach: tatsächlich mussten die Bergkinder damals sommers bei der Feldarbeit mithelfen und Vieh hüten und durften deshalb nur im Winter zur Schule. Das fünfte Kapitel ist ganz dem Bereich der Schule und Bildung gewidmet, der ein zentrales Anliegen Spyris und eine der drei Säulen darstellt, auf denen der Roman ruht (die anderen beiden sind die Religion und die Verherrlichung der Natur). Die drei liessen sich auch unter einer einzigen Kategorie zusammenfassen: derjenigen der Pädagogik. *Heidis Lehr und Wanderjahre* und *Heidi kann brauchen, was es gelernt hat* – alles hat hier letztlich mit Lehren und Lernen zu tun und dies schliesst bei Spyri natürlich auch den Katechismus ein.

Eigenartigerweise geht Spyri nicht näher darauf ein, was Heidi in der Schule macht. Wir lesen bloss: «Jeden Morgen und jeden Nachmittag ging das Heidi jetzt in die Schule im Dörfli und lernte ganz eifrig, was da zu lernen war.» (S. 242) Es bleibt offen, was das Kind in der Schule lernt und nach welcher Methode, so als ob seine Erziehung eigentlich bereits stattgefunden hätte – zuerst in der Natur mit dem Alm-Öhi, dann in Frankfurt, ein wenig mit Klaras Hauslehrer, und recht intensiv mit der Grossmutter Sesemann. Der Roman konzentriert sich stärker auf einen anderen Zögling, einen vom Typ, der heute als verhaltensauffällig gelten würde und der häufig die Schule schwänzt: Peter. Einigermassen überraschend verwandelt sich Heidi in eine Schullehrerin und beweist dadurch ihre Reife und die Tatsache, dass sie bereits genügend sattelfest ist, um das erlernte Wissen weiterzugeben. Nachdem wir Heidi als ‹Hilfspfarrerin› kennen gelernt haben, tritt sie nun als ‹Hilfslehrerin› auf.

Heidi ist eine geduldige und listige Pädagogin, die sich nicht scheut, Drohungen als Erziehungsmittel einzusetzen. Sie erzählt, dass sie in Frankfurt düstere, gefängnisartige Schulen gesehen hat, aus denen man nie mehr herauskommt, mit bedrohlich wirkenden Lehrern, schwarz gekleidet und mit grossen Hüten auf dem Kopf. Zitternd akzeptiert Peter Heidis Unterricht. Sie bringt ihm das Alphabet nach einem wunderlichen System bei, bei dem die Buchstaben in Merksätze verpackt eingeführt werden, die besagen, dass jedem, der diese Buchstaben nicht richtig lernt, Unheil widerfahren werde: Tränen, Spott, Strafen, Rute, Gericht, Nahrungsentzug, Aussetzung bei den Wilden, ja sogar die Hölle drohen dem Geissenbub, wenn er sich keine Mühe gebe. – Lernen durch Drohung.

Der Text sagte es deutlich: «der erschreckende Eindruck hatte ihn ganz zahm und willig gemacht» (S. 255). Und dieser Unterricht ist von Erfolg gekrönt: Auch wenn Peter manches Wort auslässt – denn er findet, es gebe zu viele davon! – lernt er schliesslich lesen, zur grossen Verblüffung des Schullehrers (der die Hoffnung schon aufgegeben hatte) und seiner Familie. Peter kann nun immerhin der Grossmutter Kirchenlieder vorlesen – was ja das eigentliche Ziel des Unterrichts war – auch wenn diese dabei nicht die gleichen Empfindungen hat wie wenn Heidi vorliest. Was nicht verwundert, da Peter ja beim Lesen Wörter überspringt …

*

Hier muss man an Charles Dickens und die im 19. Jahrhundert üblichen körperlichen Züchtigungen der Zöglinge denken. Johanna Spyri ist diesbezüglich ganz ihrer Zeit verhaftet, auch wenn in ihren anderen Romanen eine Pädagogik der Sanftheit und des Zuhörens – selbst gegenüber den renitentesten Schülern – waltet.

Unser Roman präsentiert eine nahezu vollständige Palette dessen, was die schulische Bildung im 19. Jahrhundert zu bieten hatte: den häuslichen Schulunterricht, die Dorfschule, die städtische Schuleinrichtung und die ‹Schule der Natur›. Somit findet man alle denkbaren Schattierungen des Erziehungsstils – von der sanftesten über die verträumteste bis zur härtesten Pädagogik.

Der Hausunterricht war jenen Bürgern vorbehalten, die sich wie die Sesemanns einen Hauslehrer für ihre Kinder leisten konnten. Im Buch heisst dieser «Herr Kandidat», was bedeutet, dass er einen Hochschulabschluss hat. Er ist ein pedantischer und langweiliger, aber keineswegs brutaler Lehrer, wie Klara der künftigen Mitschülerin Heidi erklärt: «Der Herr Kandidat ist sehr gut, er wird niemals böse und erklärt dir dann schon alles» (S. 84). Schon bald wird klar, dass sein Unterricht der Persönlichkeit des Bergkinds keineswegs entspricht und auch methodisch etwas überholt ist. Erst als Grossmutter Sesemann auf den Plan tritt, erleben wir eine einfühlsame Pädagogin, die auf die Bedürfnisse der Kinder eingeht.

Es entsprach den Überzeugungen und dem Wunsch Pestalozzis, auch bei den unteren Schichten den Hausunterricht einzuführen. Man kann sagen, dass Heidi das in die Praxis umsetzt, wenn sie, wie wir gesehen haben, die Rolle einer Schullehrerin übernimmt; sie erfindet dabei Methoden, die auch Drohungen nicht ausschliessen.

Die Schule im Dörfli wirkt sehr einfach, bietet den Kindern aber Wärme und Geborgenheit. Sie lernen nicht nur im Schulzimmer, sondern verpflegen sich hier auch, weil sie mittags nicht nach Hause gehen können. Der Dorfschullehrer wird als verständnisvoller, «milder Mann» (S. 242) beschrieben. Als er erfährt, dass Peter mit Heidis Hilfe lesen gelernt hat, bezeichnet er dies als ein Wunder.

Einen Begriff davon, wie es im 19. Jahrhundert in verschiedenen europäischen Ländern um den staatlichen Schulunterricht bestellt war, haben wir bereits durch Heidis Beschreibungen der düsteren Frankfurter Schulen erhalten. Es handelte sich dabei um furchterregende Orte, «wahrhaftige Kerkerverliese», wie Marina Bethlenfalvay in einem Bericht über französische Schulanstalten schrieb:

> Der öffentliche Schulunterricht hatte die neuen rousseauschen Grundsätze noch nicht im Geringsten übernommen und überschüttete die Kinder mit sinnleerer Rhetorik und totem Bücherwissen, das keinen Bezug zu ihrem Leben hatte und weder ihren Bedürfnissen noch ihrer natürlichen Intelligenzentwicklung Rechnung trug.
>
> Zur Pedanterie der Lehrkräfte, ihrem Verhaftetsein in jahrhundertealten Gewohnheiten und Traditionen, ihrem völligen Unverständnis gegenüber den Kindern gesellte sich oft ein zwanghaftes Bedürfnis, sie zu beherrschen und einzuschüchtern, das die Form einer griesgrämigen Strenge oder – häufiger noch – einer willkürlichen Boshaftigkeit und Grausamkeit annehmen konnte.[40]

Diese Schilderung trifft zweifellos auf zahlreiche europäische (sowie russische und amerikanische) Schulsysteme der damaligen Zeit zu, denn obwohl einige Gesetze eingeführt wurden, die Gewalt gegen Kinder untersagten, überlebten die schlechten Gewohnheiten doch sehr lange, wie zahlreiche Belege in der Literatur bezeugen.[41]

Im Übrigen behauptet Heidi, die Lehrer in Frankfurt seien nicht so «gut» (im doppelten Wortsinn) wie der Dorfschullehrer.

Bleibt noch die Schule der Natur: der Traum vieler Philosophen der romantischen Epoche und von Pädagogen wie Pestalozzi. Heidi ist darin eine glückliche Schülerin und der Alm-Öhi ihr Lehrmeister.

Der Einzug des Frühlings kündigt ein grosses Ereignis an: den Besuch der «fernen Freunde» aus Frankfurt auf der Alp, verordnet durch den guten Dr. Classen, denn dieser ist überzeugt: «Dort oben müssen alle Menschen wieder gesund werden» (S. 264). Da man befürchtete, dass Fräulein Rottenmeier auch mitreisen wolle, beschrieb man ihr die Berge in den schrecklichsten Farben (mit bedrohlichen Felsen, gefährlichen Klüften und Abgründen ...), um sie von der Reise abzuhalten. Die Berge, die den Romantikern diese wohligen Schauer über den Rücken jagten, sind Fräulein Rottenmeiers Sache nicht.

Heidi ist im siebenten Himmel, Peter schäumt vor Wut, weil er voraussieht, dass andere seinen Platz einnehmen werden. Die Ankunft des mit zahllosen Gepäckstücken und Decken beladenen und von Bediensteten begleiteten Reisetrupps aus Frankfurt ist das Ereignis des Tages. Klara wird auf einem Tragestuhl befördert, die Grossmutter naht hoch zu Pferde.

⋆

Nach dem Bergkind im Frankfurter Exil präsentiert uns Spyri nun Stadtmenschen, die es auf die Alm verschlagen hat. Was eine der grossen Stärken des ersten Buches war, erweist sich auch im zweiten als äusserst wirkungsvoll. Das ist zweifellos ein literarisches Glanzstück, denn nichts ist für den Leser – beziehungsweise den Zuschauer – reizvoller als die Gegenüberstellung zweier grundverschiedener Welten oder Charaktere. Die Formel ist alt, aber nach wie vor wirksam und aktuell: von Montesquieus *Lettres persanes* bis zur Filmkomödie *Bienvenue chez les Ch'tis*, von den Pastoralen, die die Reinheit einer imaginären Natur im Gegensatz zur Verderbtheit der Städte oder des Hofes lobpriesen oder der von den antiken Dichtern besungene *Locus amœnus*, jenes paradiesische Arkadien – nie hat man ein wirksameres Mittel als diesen ‹Kulturschock› zwischen Stadt und Land, zwischen verschiedenen Völkern oder verschiedenen Lebensweisen gefunden, um ihre Unterschiede hervorzuheben, zu verstehen und vielleicht auch besser akzeptieren zu können.

*

Klara ist von der Schönheit der Landschaft überwältigt. Der Alm-Öhi betreut sie besser als dies irgendein Krankenpfleger täte, und erinnert sich dabei – wieder eine Rückblende in die Vergangenheit! – wie er damals auf dem Feldzug seinen schwer verletzten Hauptmann gepflegt hatte. Angesichts der Begeisterung Klaras und des Drängens Heidis und des Grossvaters wird entschieden, dass Klara entgegen dem ursprünglichen Plan – sie hätte eigentlich gleich wieder nach Bad Ragaz hinunterfahren und sich einer vierwöchigen Kur unterziehen sollen – auf der Alm bleiben und sich von ihren Freunden pflegen lassen solle, denn sie zeigte Anzeichen einer Kräftigung und fand zurück zu ihrem guten Appetit – hatte sie doch beim gemeinsamen Raclette-Essen tüchtig zugegriffen. Grossmutter Sesemann hat gegen diese Entscheidung gar nichts einzuwenden.

Klara erlebt die erste bezaubernde Nacht in Heidis Heubett und kann den Blick kaum von den Sternen lassen, die durch das offene Dachfenster funkeln.

Die Zeit scheint stillzustehen, und die Natur bietet ein immerwährendes Schauspiel, das alle Sinne weckt. Spyri wird nicht müde, die reine Atmosphäre der Bergwelt zu schildern, die Brise, die durch die Tannenwipfel streicht, den Gesang der Vögel, die herumtollenden Ziegen, den Frieden der Täler, die helle Bergsonne, die angenehm wärmt, ohne zu brennen, und die kräftigende Milch, die den Kindern wie köstlicher Nektar mundet.

Weil sie so glücklich und stark wirkt, hätte man beinahe vergessen können, dass Klara nicht gehen kann. Dies geht auch dem Grossvater so, der das Unvorstellbare vorschlägt: Klara soll selbständig gehen lernen! Eigentlich unmöglich, so etwas musste doch für sie viel zu schmerzhaft sein ... Der Alte beginnt aber mit Klara zu üben, jeden Tag ein bisschen länger. Das Kind hält sich an ihm fest.

Nun gibt es aber eine Person, die die allgemeine Euphorie über Klaras Aufenthalt auf der Alm überhaupt nicht teilt: Es ist der Geissenpeter, der sich in Anbetracht der exklusiven Aufmerksamkeit, die Klara zuteil wird, allein gelassen fühlt. Heidi ist mit ihrer Freundin so beschäftigt, dass sie keine Zeit mehr hat, um mit Peter auf die Weide zu gehen. Er, der eine kleine Schwester gefunden hatte – die sich in Wirklichkeit wie eine *grosse* Schwester verhielt –

fühlt sich nun plötzlich ‹verwaist›. Darum setzt es von seiner Seite nur noch wüste Flüche, Grimassen und Peitschengeknall ab: «Der Peter war auf dem höchsten Punkt des Zornes und der Erbitterung angelangt» (S. 293). So übermächtig sind seine Gefühle, dass er dringend ein Ventil braucht, einen Gegenstand, an dem er seine Wut auslassen kann:

> Jetzt erblickte er den Stuhl, der so stolz da auf seinen Rollen stand, und schaute ihn an wie einen Feind, der ihm alles zuleide getan hatte und heute noch viel mehr tun wollte. Der Peter schaute um sich – alles war still, kein Mensch zu sehen. Wie ein Wilder stürzte er jetzt auf den Stuhl, packte ihn an und stieß ihn mit so erbitterter Gewalt dem Bergabhange zu, daß der Stuhl förmlich davonflog und augenblicklich verschwunden war. [...] Er sprang in Sätzen im Kreise herum, er kam wieder an denselben Platz und guckte den Berg hinab. Ein neues Gelächter erscholl, neue Luftsprünge; der Peter war völlig außer sich vor Vergnügen über diesen Untergang seines Feindes. (S. 294)

Mission erfüllt, Feindin unschädlich gemacht ... Die ‹Fremde›, die das ideale Paar Heidi und Peter zerstört hatte, würde abreisen müssen und der Geissbub würde seine Freundin zurückerobern!

Dieser Gipfelpunkt des zweiten Bandes bildet das Gegenstück zu Heidis Schlafwandler-Episode im ersten Band des Romans: in beiden Fällen geht es um ein Leiden, das sich Ausdruck verschafft. Heidi träumte sich als vermeintliches Gespenst schlafwandelnd fort auf die Alp, um dem Ort zu entrinnen, den sie als goldenen Käfig erlebte. Dies war ihre Art, ihre Verweigerung auszudrücken. Peter dagegen reagiert auf seine Frustration und seine angestaute Wut mit einem Gewaltakt.

*

Der Meisterstreich Spyris, die für heftige Demonstrationen wenig übrig hatte, liegt darin, es so einzurichten, dass sich die Aggressivität des Geissbuben nicht an einer Person, sondern an einem Gegenstand entlädt. Peters Handlungsweise – sein Herumtoben «wie ein Wilder» – erinnert an Rituale, bei denen Schadens- oder Vernichtungswünsche auf ein Objekt, das dem Feind gehört oder ihm ähnelt, projiziert werden. Dem liegt das bei Naturvölkern verbreitete magische Denken zu Grunde, das auf den Pfeilern Sympathie (Ähnlichkeit) und Ansteckung (Berührung) beruht. In unserem Beispiel sind beide Elemente im Spiel: das behinderte Mädchen suggeriert den Rollstuhl und dieser wiederum ist sein Fortbewegungsmittel.

Gewalt, Grausamkeit, Sadismus – beunruhigende Verhaltensweisen bei unserem Peter! Kinder können bekanntlich sehr grausam und sadistisch gegenüber ihren Kameraden oder Tieren sein, eine Tatsache, von der auch Märchen und Erzählungen regen Gebrauch machen. So schildert die Comtesse de Ségur in ihrem Erzählband *Les Malheurs de Sophie* eine kleine Sophie, die die Zierfische ihrer Mutter lebendigen Leibes zerschneidet und Bienen in Stücke reisst. Ein weiteres Beispiel ist das Martyrium einer Kinderpuppe in Gottfried Kellers *Romeo und Julia auf dem Dorfe*. Nachdem die beiden Kinder ihrer Puppe die Glieder abgetrennt und ihren Rumpf zerstochen haben, sperren sie eine lebendige Fliege in den abgeschnittenen Kopf hinein, vergraben ihn in der Erde und ziehen singend davon. Und wie könnte man ausserdem die Grausamkeit vieler Märchen der Brüder Grimm vergessen, die zur Gattung der Warn- oder Kinderschreckmärchen gehören, der die beiden Gelehrten ausdrücklich pädagogischen Wert zugesprochen haben?

Wie Bettelheim bemerkte, gehört es zu den Aufgaben der Märchen, es den Kindern zu ermöglichen, ihre Aggressivität anzunehmen:

> Eltern, die sich der Einsicht verschliessen wollen, dass ihr Kind mörderische Wünsche hegt und Dinge und sogar Menschen in Stücke reissen möchte, vertreten die Ansicht, ihr Kind müsse daran gehindert werden, sich solchen Gedanken hinzugeben (wie wenn das überhaupt möglich wäre!).[42]

Diese Aggressivität gehört, wie uns auch die Psychoanalyse gezeigt hat, zum Gemüt des kleinen Kindes, das «keineswegs unschuldig, sondern von ängstlichen, zornigen und zerstörerischen Vorstellungen erfüllt ist».[43]

Wir sehen: Spyri ist nicht immer die engelhafte Erzählerin, für die sie viele halten; vielmehr gestattet sie uns immer wieder einmal einen schonungslosen Blick ins Unbewusste ihrer kindlichen Charaktere.

Die Zerstörung von Klaras Rollstuhl dürfte bei vielen Lesern des Buches Spuren hinterlassen haben. Erlauben Sie mir hier eine kleine Anekdote zu erzählen. Ein amerikanischer Freund von mir – Intellektueller *und* *Heidi*-Leser (was sich durchaus miteinander verträgt!) – war überzeugt, dass Peter den Rollstuhl mit der darin sitzenden armen Klara den Berghang hinuntergestossen hatte. Damit verwandelte er den unbeholfenen Jungen in einen Kriminellen. Ich konnte meinen Freund beruhigen, indem ich ihm erklärte, dass so etwas in einem Buch für Kinder «und alle, die Kinder liebhaben» ganz und gar undenkbar wäre, ja dass eine solche Entgleisung der Autorin als äusserst sadistisch bezeichnet werden müsste.

*

Man sucht den Rollstuhl überall, natürlich ohne Erfolg. Nun trägt der Grossvater Klara auf seinen Armen, damit sie mit Heidi auf die Weide gehen kann. Heidi möchte noch weiter den Berg hinauf gehen, um die Blumen zu bewundern, die nur dort oben wachsen; sie bittet deshalb Peter um Hilfe. Dieser traut seinen Augen kaum, hatte er sich doch darauf verlassen, dass sein Akt der Zerstörung endgültig war und dass Klara ohne ihr Fortbewegungsmittel ‹ausgeschaltet› sein würde. Aber nun – Ironie des Schicksals oder der Autorin – findet er sie auf unerklärliche Weise auf die Alm ‹gebeamt›. Er verweigert Heidi zunächst seine Unterstützung, aber diese droht ihm «wenn du nicht auf der Stelle kommst, so will ich dir auch etwas machen, das du dann gewiß nicht gern hast» (S. 302). Befürchtend, das sie über alles Bescheid wisse, gibt Peter widerstrebend nach. Mit grosser Mühe versuchen die drei, Klara hochzuheben, sie ächzt. «Stampf einmal recht herunter», schlägt Heidi vor, «dann tut es dir gewiß nachher weniger weh» (S. 302). Klara tut, wie ihr geheissen, und siehe da: Es geschieht ein Wunder, Klara kann wieder gehen!

Zweifellos ein Höhepunkt des Romans. Ist damit nicht bewiesen, dass die reine Bergluft Wunder wirkt? Doch auch die Kraft des Glaubens ist nicht zu unterschätzen. Heidi hat schliesslich viel gebetet. Und der Grossvater hat ebenfalls seinen Anteil an der Heilung: er hat als erster Übungen mit Klara durchgeführt (aus heutiger Sicht eine Art Rehabilitation); und auch Peter hat – unfreiwillig – dazu beigetragen, indem er den Gegenstand aus dem Weg schaffte, der Klara daran gehindert hatte, über sich selber hinaus zu wachsen. Und mit ihrer Aufforderung «Stampf einmal recht herunter» gab Heidi das Signal für Klaras ersten erfolgreichen Gehversuch. Eine beinahe christushafte Geste: «Gehe hin und wandle» sprach Jesus zu dem Gelähmten.

Unterdessen hat die Dorfbevölkerung den zertrümmerten Rollstuhl entdeckt. Es wird getratscht, spekuliert, nach Schuldigen gesucht. «Wenn es der Herr in Frankfurt vernimmt, wird er schon untersuchen lassen, wie's zugegangen ist» (S. 306), meint der Bäcker. Dies alles hört Peter. Nun legt sich der beunruhigende Schatten der Grossstadt und ihrer unversöhnlichen Justiz auf seine verängstigte Seele und er sieht sich bereits im Gefängnis. Überzeugt, dass hinter jedem Busch ein Polizeispitzel lauert, rennt er in wildem Galopp davon, um sich zu Hause zu verstecken.

Im Haus des Onkels erteilt Heidi, von den Ereignissen des Tages hoch befriedigt, Klara ihre Katechismusstunde. Die beiden beten, um Gott für das grosse Wunder zu danken, das zu der von Ihm ausersehenen Stunde und nach Seinem Willen geschehen ist.

Nun ist es Zeit, Grossmutter Sesemann zu überraschen, die sich, als sie Klara auf ihren beiden Beinen sieht, unbändig freut. Sie sagt zum Alm-Öhi: «Es ist Ihr Werk!» Dieser antwortet: «Und unseres Herrgotts Sonnenschein und Almluft» und Klara fügt bei: «Ja, und Schwänlis gute, schöne Milch gewiß auch» (S. 314). – Gott, Mensch und Natur bilden nun einmal mehr das perfekte Dreigestirn, insbesondere in der Alpenwelt.

Calderóns berühmtes Drama *Das Leben ist ein Traum* scheint auf, wenn Grossmutter Sesemann ausruft: «Ist es denn auch wirklich kein Traum? Sind wir denn auch alle wach?» (S. 315). Auch Klaras Vater, der beschlossen hat, einen Überraschungsbesuch auf der Alm zu machen, glaubt zu träumen, als er seine Tochter aufrecht gehen sieht. Er meint sogar, in ihr seine schöne und viel zu früh verstorbene Gattin zu erkennen.

Nachdem Peter entlarvt worden ist, verpasst ihm Grossmutter Sesemann die fällige Morallektion, indem sie ihn vor dem «Wächterchen da drinnen mit dem Stachel und der unangenehmen Stimme» (S. 323) warnt – vor dem bösen Gewissen also, dem Stachel der Schuld, der die Sünder quält und ihnen jede Freude raubt.

⋆

Mit dem Bild des Stachels bezieht sich Spyri auf die in der Apostelgeschichte des Lukas (Apg 9) geschilderte Bekehrung Sauls. Als dieser auf dem Weg nach Damaskus von einem Himmelslicht ge-

blendet wurde und auf die Erde fiel, sprach Gott: «Saul, was verfolgst du mich?» Er aber sprach: «Herr, wer bist du?» Der Herr sprach: «Ich bin Jesus, den du verfolgst. Es wird dir schwer werden, wider den Stachel zu lecken».

*

Von Mitgefühl überwältigt spendet Grossmutter Sesemann dem Geissenpeter «einen Zehner wöchentlich, solange er am Leben ist» (S. 325). Der Junge ist völlig fassungslos und unendlich erleichtert.

Schliesslich ist der Alm-Öhi an der Reihe, belohnt zu werden. Er wünscht sich nur eines: dass man sich nach seinem Tod um Heidi kümmere und sie niemals Not leiden lasse. Herr Sesemann verspricht es und kündigt an, dass Heidi ausser ihm selbst noch einen weiteren Beschützer haben werde: den guten Doktor Classen, der beschlossen hat, seinen Ruhestand in dieser Gegend zu verbringen. – Siehe da: Schon kommt der erste deutsche Tourist ins Heidiland!

Der Doktor wird das schöne Gebäude des ehemaligen Söldners in spanischen Diensten bewohnen, das er dem Grossvater abgekauft hat und dem er einen Teil als Winterquartier für ihn und Heidi überlässt. Wenig später erfahren wir, dass Classen Heidi adoptieren wird, und wir fühlen uns in ein Stück von Molière versetzt, wo am Ende ein *deus ex machina* erscheint, um Gerechtigkeit herzustellen. Nur dass es sich hier nicht um einen Freier handelt, der sich überraschenderweise als Sohn nobler Abkunft erweist und deshalb vom Vater der Verlobten akzeptiert wird, sondern um eine wunderbare Adoption durch einen reichen Ausländer. Die sozialen Schranken sind aufgehoben, Traum und Wirklichkeit werden eins, Alm und Stadt reichen sich die Hand.

Das Ende des zweiten Bandes trägt unzweifelhaft das Siegel inniger Frömmigkeit, wie die den Roman beschliessenden Worte von Peters blinder Grossmutter zeigen:

> Heidi, lies mir ein Lob- und Danklied! Es ist mir, als könne ich nur noch loben und preisen und unserem Gott im Himmel Dank sagen für alles, was er an uns getan hat. (S. 334)

*

Tatsächlich nimmt der religiöse Aspekt im Lauf der Geschichte einen immer bedeutenderen Rang ein. Gott wird zu einem der wichtigsten Protagonisten, wenn nicht zum wichtigsten überhaupt, wenn er alles lenkt, den Menschen manchmal auf die Probe stellt und am Ende seinen Segen in Form unzähliger Wohltaten spendet.

Die religiöse Komponente ist wahrscheinlich der Teil des Werkes, der beim heutigen Publikum am schlechtesten wegkommt: sie wirkt fade wie ein Gemälde von Greuze,[44] zu exaltiert oder zu moralinsauer. Aus Gründen der weltanschaulichen Neutralität oder der Ökumene wird dieser Aspekt der Geschichte gerne hintangestellt. Bezeichnenderweise wird er in einer der neuesten Fassungen von *Heidi* von Peter Stamm (2008)[45] gänzlich ausgeklammert. Hier singt Heidi der Grossmutter «Soldatenlieder» vor, die ihr der Alm-Öhi beigebracht hat ... Ob dies der Grossmutter gefiel, erfahren wir nicht. Nieder mit den Kirchenliedern!

Es ist aber kaum möglich, *Heidi* angemessen zu würdigen, ohne auf die obere Spitze des hier mehrfach erwähnten Dreiecks einzugehen, auf der Gott seinen Platz hat. Schauen wir hier nochmals zurück zu den Anfängen des Pietismus und zu einer seiner bedeutendsten Vertreterinnen: Meta Heusser, Johanna Spyris Mutter.

Im Zeitalter der Renaissance entstand die so genannte Naturphilosophie, deren führender Exponent der 1493 in Einsiedeln, unweit von Spyris Wohnort Hirzel, geborene Arzt und Alchemist Paracelsus war. Wie bereits erwähnt, war dieser 1535 Badearzt in den Thermen von Pfäfers oberhalb Bad Ragaz. Diese philosophische Schule rückt nämlich, lange vor Baudelaire, die Korrespondenzen zwischen Natur, Mensch und Gott ins Zentrum ihrer Überlegungen (schon sind wir wieder bei unserem Dreieck!).

Die Natur ist nach dieser Auffassung ein Buch, das den Zugang zu Gott ermöglicht, und Paracelsus trieb mit ihr einen wahren Kult. Er entwickelte die Theorie der «Signaturen», nach der die Formen und Farben der Pflanzen und Tiere denen der Körperorgane entsprechen. So gleiche z.B. eine aufgeklappte Walnuss dem Gehirn und eigne sich deshalb zu dessen Behandlung. Dieser Mann, der wie Heidi als Waisenkind aufwuchs, war ein Monument des Wissens und der Neugier. Dabei blieb er trotz allem ein sehr einfacher Mann und wenn ihm das jemand zum Vorwurf machte, antwortete er, dies sei eben die Art seiner Heimat, der Deutschschweiz, und statt kostbaren Delikatessen nehme er lieber Käse, Milch und Haferbrot zu sich. Es mag etwas abwegig erscheinen, diesen Geistesriesen mit Spyris Geschöpflein zu vergleichen – aber hätte Heidi etwas Anderes gesagt?

Ohne in diesem Vergleich noch weiter gehen zu wollen und unter gebührender Wahrung der Proportionen können wir erkennen, dass die Naturphilosophie eine gewisse Ähnlichkeit zur Botschaft unseres Romans besitzt. Den Schlüssel für die Interpretation dieser Korrespondenzen zwischen Natur, Mensch und Gott liefert in beiden Fällen die Bibel.

Die Bibel stand auch im Zentrum, als sich Ende des 17. Jahrhunderts lutherische Gruppen in Konventikel formierten und sich dabei auf die Lehren des elsässischen Pfarrers Philipp Jakob Spener (1635–1705) beriefen, die dieser in seinem Hauptwerk *Pia desideria* niedergelegt hatte. Dies war die Geburtsstunde des Pietismus, einer Religion des Herzens, die im Alltag gelebt werden wollte und die einen verstandesmässigen Zugang zu Gott ablehnte. Es geht dabei um die Bekehrung oder Umkehr des Gläubigen, wobei der individuelle Weg rasch oder allmählich verlaufen kann. Dafür finden sich im Roman zwei perfekte Beispiele: Heidi findet in langsamen Schritten zum Glauben, während der Grossvater eine blitzartige Bekehrung erfährt.

Der Pietismus, der auch in der deutschen (Jakob Böhme) und der französischen Mystik (Madame Guyon) wurzelt, hebt die Bedeutung des Gefühls für den Zugang zu Gott hervor. Das persönliche Gebet ist wertvoller als alle Predigten von der Kanzel herab. Dies hat Heidi nach ihrem Aufenthalt in Frankfurt begriffen: sie betet jetzt oft (aber geht kaum je in die Kirche). Der Pietismus besitzt auch eine starke Neigung zum Missionarischen und Humanitären: in *Heidi* predigt Grossmutter Sesemann dem Mädchen die gute Lehre, die Heidi zügig in die Tat umsetzt.

Die pietistische Literatur hat zwar einige sehr schöne Texte hervorgebracht, kann anderseits aber auch einem gefühlsduseligen Lyrismus verfallen, von dem auch Spyris Werke nicht frei sind, wie ich bei unserer Neulektüre des *Heidi*-Romans bereits angedeutet habe.

Man mag sich darüber wundern, wie sehr die Welt der Kindheit in der pietistischen Spiritualität im Mittelpunkt steht. Eines der schönsten Beispiele dafür findet sich bei dem mitunter als protestantischen ‹Heiligen› bezeichneten Gerhard Tersteegen (1697–1769), einer grossen Persönlichkeit des Pietismus. Er schreibt in seinem Traktat *Vom Kinderwerden*:

> [Jesus hat uns auch gezeiget, daß wir,] wo wir anders je mit Gott wieder vereiniget seyn wollten, nicht müsten grosse und selbstkluge Leute bleiben, sondern umkehren und werden wie die Kindlein. Diß aber nicht allein; sondern es ist uns auch in der Geburt und Kindheit Jesu, dieses Kinder-Wesen, das ist, die in Adam verlohrene Unschuld, wieder geschenckt [...] Wir sollen uns nur mit diesem Gott-Kinde vereinigen, selbiges in uns herrschen, leben, und von seinen Göttlichen Kinder-Eigenschaften durchdringen, und nach diesem schönsten Bilde uns bilden lassen.[46]

Sich bekehren und umkehren – dies ist das pietistische Credo. Natürlich erinnern wir uns dabei an die berühmte Bibelstelle:

> 14. [...] Als Jesus das sah, wurde er unwillig und sagte zu ihnen: Lasst die Kinder zu mir kommen; hindert sie nicht daran! Denn Menschen wie ihnen gehört das Reich Gottes. 15. Amen, das sage ich euch: Wer das Reich Gottes nicht so annimmt, wie ein Kind, der wird nicht hineinkommen. (Markus 10, 14–15)

Der aus dem Waadtland stammende protestantische Professor und Theologe Alexandre Vinet (1797–1847), der als einer der Väter der französischsprachigen reformierten Kirche gilt, war ein Verfechter der pietistischen Bewegung. Sein Bestreben ging danach, die «spirituelle Kindheit» zu bewahren, die er als vollkommensten Zustand des Menschen betrachtete, da er in diesem die echte «Herzensreife» erlange. Vinet war der Ansicht, gute Kinderbücher seien die besten Bücher, die es für Menschen gebe, und las immer wieder mit grossem Vergnügen *Robinson Crusoe*, einen Text, den Schriftsteller wie Rousseau, Michelet oder in neuerer Zeit Michel Tournier einhellig hochschätzen.

Vinet verfasste eines der schönsten Plädoyers für (gute) Kinderliteratur:

> Il n'y a peut-être pas de lecture plus attrayante pour tous les âges que celle d'un bon livre *d'enfants*. L'enfance est un paradis qu'on traverse à pas légers et rapides [...]; on s'associe aux impressions de cet âge regretté, jusqu'à redevenir, pour quelques instants, enfant, c'est-à-dire le premier des heureux et le premier des poètes. Mais cet attrait n'est pas le seul: les livres qui ont bien conçu et bien représenté la vie de l'enfance sont du nombre de ceux qui donnent le plus à penser; ils ramènent l'homme et la morale à leur plus simple expression, et contiennent une psychologie d'autant plus profonde peut-être qu'elle est plus élémentaire. Il ne faut donc pas que les personnes, plus nombreuses qu'on ne pense, qui se plaisent, dans leur âge mûr, aux livres d'enfants, rougissent de ce goût innocent [...]; un livre d'enfants peut être un grand et beau livre, et prendre une place d'honneur dans nos bibliothèques.[47]

Vinet, der leidenschaftlich an Pädagogik interessiert ist, tritt für den Kontakt mit den Realitäten der Welt ausserhalb des Schulzimmers ein. Laut einem seiner Kernsätze sollte der Lehrer «kindliche Interessen und die Gedanken eines Erwachsenen» haben.[48]

Spyri hätte diesem Gedanken sicher vorbehaltlos zugestimmt, unterstreicht er doch die Wichtigkeit einer Schulbildung, die im Kontakt mit der lebendigen Natur steht, in perfekter Weise. Wobei natürlich bei Spyri die Rolle des Gebets, dieser einzigartigen Quelle der Kraft und Weisheit, nicht vergessen werden darf.[49]

Und hier noch ein letztes Vinet-Zitat:

> Ne serait-ce point dans les premiers développements de l'esprit enfantin qu'il aurait fallu étudier la nature intime de l'esprit humain et le rapport mutuel de ses différentes facultés?[50]

Pietismus und Begeisterung für bzw. Sehnsucht nach der Kindheit scheinen untrennbar miteinander verbunden zu sein.

Die Einflüsse der pietistischen Bewegung und ihre Ursprünge sind vielfältiger Art – und es wäre ein vergebliches Unterfangen, sie erschöpfend darstellen zu wollen. Wenn Protestanten gegen ihre eigene etablierte Kirche und deren Lehre, die sie als verknöchert empfinden, rebellieren, um zu den Quellen des Evangeliums zurückzukehren, treten neue Theoretiker und Theologen, Propheten, Mystiker und Sekten auf den Plan. Somit kommt es zu einer permanenten Reform. Ein frappierendes Beispiel dafür ist die protestantische Erweckungsbewegung (*Réveil*), die Kirchen und theologische Schulen gründet wie z.B. die von Louis Gaussen (1790–1863), Autor des Werkes *La Théopneustie ou pleine inspiration des Saintes Écritures* (1840), das unter diesem byzantinischen Namen die Forderung nach einer buchstabentreuen und integralen Inspiration der Bibel erhebt.

Was diese so heterogenen Bewegungen miteinander verbindet, ist der Wunsch nach der Rückkehr zu einem gelebten und unmittelbaren Glauben, der nahe bei der Heiligen Schrift ist und dessen Wahrheiten im Herzen und mit dem Herzen erprobt werden. Man ist weit entfernt vom kalten Rationalismus der Aufklärung. Es ist vielmehr die Religion der Romantik, wie Marthe Robert erklärt:

> Alle Romantiker partizipierten an diesem Kult der Kindheit [...]. Kind zu sein, wieder zum Kind zu werden hiess die durch das rationale Denken verursachte unwiderrufliche Trennung aufzuheben, hiess zur Reinheit und zur Harmonie zurückzufinden.[51]

Trotz dem Individualismus findet kein Rückzug statt: Verkündung, soziale Mission und Unterstützung sind wichtige Pfeiler der Bewegung. Die freie Gnadenwahl Gottes, die Rechtfertigung durch den Glauben, die Prädestination, eine strenge Moral, die die Gläubigen nicht erdrückt – sie alle lassen starke Persönlichkeiten entstehen, die Überzeugungen haben und eine beispielhafte Seelenstärke, eine urchristliche Kraft.

Fast immer kommt in Spyris Romanen ein Pfarrer vor, der die Funktion eines Beraters in geistlichen und sozialen Dingen hat. In einer ihrer *Kurzen Geschichten* – *Beim Weiden-Joseph* – findet sich eine interessante Passage über den Unterschied zwischen Protestanten und Katholiken. Die Katholiken brauchen unzählige Kapellen (die immer offen sind), um sich zu sammeln und zu beten; die Protestanten gehen nur sonntags in die Kirche (in der übrigen Zeit ist sie geschlossen), denn, so erklärt ein Mädchen in der Erzählung: «Man kann ja überall beten wo man ist, der liebe Gott hört es überall, das weiß ich» (Kap. 2, S. 15) – und dies am besten in der freien Natur.

Ein weiteres typisch protestantisches Merkmal ist der hohe Stellenwert der Musik und insbesondere des Gesangs. Es ist bekannt, dass Johannas Sohn auf diesem Gebiet sehr begabt war, und in ihren Erzählungen gibt es Kinder, die mit beachtlichem Geschick Geige spielen wie z.B. der kleine Rico in *Heimatlos* oder Heribli in *Vom fröhlichen Heribli*. Hymnen und Kirchenlieder sind in Spyris Werk allgegenwärtig. Basti und Fränzeli in *Und wer nur Gott zum Freunde hat, dem hilft er allerwegen* rühren mit ihren religiösen Gesängen die Herzen einer Gruppe von Studenten, die sich entschliessen, sie aus der Not zu befreien.

Der pietistische Einfluss auf Johann Spyri leitet sich direkt von ihrer Mutter, Meta Heusser-Schweizer, her, die als eine der bedeutendsten protestantischen mystischen Dichterinnen deutscher Sprache gilt und deren Kirchenlieder noch heute in Gottesdiensten gesungen werden. Sie gehörte einem Dichterkreis an, der sich hauptsächlich aus Pfarrern ihrer Region zusammensetzte. Ihr Werk spiegelt ihr Leben, das im Zeichen des Glaubens, der Verehrung der Natur und der Familie stand. Sie war eine Art spirituelle Führerin, die in ökumenischem Geist auch Katholiken Lebenshilfe bot.

In ihrem Gedicht *Die Berge* (1825) beschwört sie die Schönheit der Natur, die die Vollkommenheit ihres Schöpfers widerspiegelt:

Wie stehn sie da, der ew'gen Allmacht Zeugen,
Die Berge Gottes hoch und hehr!
Wem sie in ihrer Herrlichkeit erschienen,
Der sehnt sich leise hin, als ob von ihnen
Nur noch ein Schritt zum Himmel wär'!

Früh, wenn der Kranz von Morgenrosen
Ihr lilienweißes Haupt umkränzt,
Und spät, wenn alle Thäler dunkeln,
An ihrer Stirne, bis die Sterne funkeln,
Der Sonne Abschiedslächeln glänzt –

Dann wallt das Herz und wünscht sich Taubenflügel;
Es will hinauf, es will empor,
Wo gold'ne Wölkchen an den Bergen blühen,
Die Felsen schimmern und die Gletscher glühen
Bis an des ew'gen Himmels Thor.

Was ist das wohl? was ist das mächt'ge Sehnen,
Das in der Berge Anschau'n reger glüht?
Es ist das Etwas, das im Menschenherzen
Mit tiefer Ahnung süßen Schmerzen
Empor, empor von niedrer Erde zieht.

[...][52]

Das Kind erscheint in diesen Gedichten oft zur Verdeutlichung der Lebensetappen, die zuweilen mit Tränen und Schmerzen überwunden werden, die aber im Glauben und Vertrauen auf Gott oft ihren tieferen Sinn erhalten: «Und lenkt Er deine Schritte nur / Auf seines Reiches lichte Spur, / So wird's ein selig Geh'n».[53]

Aus diesen Versen spricht dasselbe Gottvertrauen und derselbe Optimismus wie bei Heidi, für die Gott immer weiss, was gut ist, und der immer im richtigen Moment in das Geschehen eingreift.

Zusammenfassend können wir sagen, dass Spyris Geisteshaltung stark von ihrem kulturellen Hintergrund, dem Pietismus, geprägt ist, einer aus der ständigen Weiterentwicklung der protestantischen Reform hervorgegangenen Bewegung, die trotz ihrer Strenge und Austerität das goldene Zeitalter der Kindheit stets verklärt und verteidigt hat.

Heidi und seine Avatare

Die Saga

Heidi hatte kein Glück – oder vielleicht hatte das Buch zu viel Erfolg. Nachteilig wirkten sich vor allem die verlegerischen Gepflogenheiten jener Zeit aus, wobei Johanna Spyri hier auch eine Mitschuld trug. Bereits ihre erste Erzählung *Ein Blatt auf Vrony's Grab* erschien nur unter ihren Initialen J.S. und die folgenden Werke, darunter der erste *Heidi*-Band, enthalten nur den Hinweis, dass sie von der Verfasserin von *Ein Blatt auf Vrony's Grab* stammen. Erst nach dem Erfolg des zweiten *Heidi*-Bandes erscheinen Spyris Werke unter ihrem vollständigen Namen. Dies war durchaus üblich und durch die Sitten der Zeit bedingt: eine Frau der gehobenen bürgerlichen Gesellschaft exponierte sich nicht in der Öffentlichkeit. Spyri verzichtete jedoch auch darauf, sich ein männliches Pseudonym zuzulegen wie z.B. Aurore Dupin, Baronin Dudevant, besser bekannt unter dem Pseudonym George Sand, oder Marie de Flavigny, Comtesse d'Agoult, die sich hinter dem Schriftstellernamen Daniel Stern verbirgt. Auch diese Lösung wäre mit dem Ruch des Skandals behaftet gewesen.

Die Übersetzer wurden damals gar nicht erwähnt; bestenfalls gab es Hinweise wie «autorisierte Übersetzung» oder «mit Genehmigung des Autors aus dem Deutschen übertragen». Aber daran sind auch die Übersetzer selber, wie wir sehen werden, nicht ganz unschuldig. Und im Übrigen wurden im 19. Jahrhundert die Publikationsdaten manchmal gar nicht aufgeführt; oft wurde nur angegeben, dass es sich bei dem Buch um eine «zweite» oder eine «dritte Auflage» handle.

Angesichts dieser verwirrlichen Situation ist es ein Glücksfall, dass wir über die Frau, die den *Heidi*-Roman als erste ins Französische übersetzte, recht genau Bescheid wissen: sie hiess Camille Vidart (1854–1930). Nicht nur gilt ihre Übersetzung heute noch als die beste und treueste, Vidart wurde wohl auch von Johanna Spyri selber für diese Aufgabe ausgewählt, wodurch eine gute Übersetzungsqualität gewährleistet war.

«Denk, nun ist Heidi französisch herausgekommen. Fräulein Vidart hat es übersetzt, sie will aber nicht, dass man es wisse. Es ist vortrefflich übersetzt»,[54] schreibt Johanna Spyri 1881 in einem Brief an Freunde. Dies Geheimhalten der Übersetzerin ist sprechend für die damalige Diskretion von Frauen hinsichtlich ihrer intellektuellen Arbeiten, obwohl Camille Vidart paradoxerweise später eine öffentliche Persönlichkeit werden sollte.

Unsere in Divonne geborene und durch ihre Mutter Genferin gewordene *Heidi*-Übersetzerin war eine Universitätsabsolventin, die dank der Intervention Spyris als Französischlehrerin an die Töchterschule in Zürich gewählt wurde, «trotz der Gegenmanöver unseres grossen Schulpräsidenten»,[55] wie es in einem anderen Brief heisst. Ihre Qualifikationen waren jedenfalls hervorragend, auch wenn die Mitglieder der Zürcher Kommission einen *Herrn* Camille und nicht ein *Fräulein* Camille erwartet hatten!

Spyri geizte nicht mit Lob für die junge Lehrerin («ein wahrer Schatz») und hob vor allem ihre menschlichen und pädagogischen Fähigkeiten hervor. Nach zweijähriger Unterrichtstätigkeit in Zürich kehrte Vidart nach Genf zurück, wo sie sich für die Anliegen des Feminismus einsetzte: eines protestantisch inspirierten, philanthropischen und sozial engagierten Feminismus. 1891 trat sie der nach dem Vorbild der amerikanischen *Women's Associations* gegründeten progressiven Genfer *Union des femmes* bei und organisierte 1896 den ersten Schweizer Kongress für Fraueninteressen (der auch einer der ersten in Europa war).

Vidart kämpfte an allen Fronten. Wo immer sie die Rechte der Frauen verletzt sah, trat sie auf den Plan; kaum eine feministische Organisation, bei der sie nicht Mitglied oder Vorsitzende gewesen wäre. Das Stimmrecht für Frauen, das Recht für Frauen, Männerberufe (z.B. bei der Polizei) auszuüben, die Koedukation, die Schliessung von Bordellen und Abschaffung der staatlich reglementierten Prostitution, Lohngerechtigkeit, Asyle für bedürftige Frauen – solche und andere Themen beherrschten den Forderungskatalog dieser engagierten Frau. Natürlich hat sie diesen Kampf nicht allein ausgefochten; ihr zur Seite standen Persönlichkeiten wie Helene von Mülinen, Pauline Chaponnière, Emma Pieczynska, Émilie Gourd und ihre lebenslange Freundin, die Engländerin Harriet Clisby.

Vidart hätte kaum engagierter sein können. Und eine Heidi weniger wesensverwandte Persönlichkeit liesse sich kaum vorstellen. Camille ist wirklich sehr weit entfernt von der perfekten Hausfrau, bei der sich alles um das häusliche Glück dreht. Heidi als Frauenrechtlerin?

Kaum vorstellbar. Und doch lehnten die damaligen Feministinnen dieses Glück keineswegs ab; ganz im Gegenteil: der Unterricht in Hauswirtschaft figuriert sogar unter ihren politischen Forderungen, im Sinne eines ‹der häusliche Herd ist ein besserer Ort als die Fabrik›.[56]

Was Spyri und Vidart einander ausserdem noch annähert, ist ihr protestantischer Hintergrund, auch wenn sich dieser bei den beiden Frauen auf unterschiedliche Weise ausprägte. Spyri war eine verheiratete Frau, die in einem bürgerlichen Milieu lebte und sich vor allem in der Familie, in der Religion (einschliesslich der Wohltätigkeit) und natürlich für die Literatur engagierte. Vidart dagegen war eine politisch und sozial engagierte Junggesellin, eine Macherin, die immer an vorderster Front zu sehen war. Zwei völlig unterschiedliche Persönlichkeiten also? Nicht unbedingt. Für Camille Vidart hatte die Frau eine Mission der Liebe: sie ist überzeugt davon, dass die Frau besser als der Mann Konflikte schlichten, Unrecht beseitigen, der Gerechtigkeit zum Durchbruch verhelfen kann. Eben diese Rolle erfüllen aber auch viele Frauengestalten Spyris und gerade Heidi verkörpert diesen Willen zur Versöhnung, zur Öffnung und zum Mitgefühl in perfekter Weise. Sie ist es, die ihre Mitmenschen verwandelt, aus dem wilden Alm-Öhi einen guten, sanften Menschen macht und aus dem kratzbürstigen Peter einen braven Jungen und guten Schüler.

Eine weitere Gemeinsamkeit zwischen den beiden Frauen ist ihre Neigung zur Depression. Nach dem Scheitern des Frauenstimmrechts und der Abreise ihrer Freundin Harriet Clisby enttäuscht und verbittert, verfällt Camille Vidart in tiefe Melancholie.

Die Beziehung zwischen Johanna und Camille dürfte sich kaum auf den literarischen Bereich beschränkt haben, denn zwischen ihnen herrschte eine ausgeprägte Komplizenschaft. Man weiss aufgrund der erhaltenen Korrespondenz, dass sie sich nach der *Heidi*-Übersetzung noch lange Zeit weiterhin gegenseitig besuchten, zusammenarbeiteten und sogar miteinander Reisen unternahmen, bis es 1893 zum plötzlichen Bruch der Beziehung kam, die wohl auf die Dauer am Feminismus Camilles scheiterte. Laut Regine Schindler, die sich mit diesem Briefwechsel befasste, dürfte klar sein, dass sich das Gespräch zwischen den Freundinnen oft um Übersetzungen drehte. Es ist deshalb sehr wahrscheinlich, dass die schönen französischen Adaptationen der nach *Heidi* publizierten Werke Spyris ebenfalls von Camille Vidart stammen.

Das 20. Jahrhundert hatte weniger Skrupel: schon bald gab es ebenso viele neue Titel wie Ausgaben des Romans und die ‹Avatare› von *Heidi* nahmen sprunghaft zu. Ab 1933 wurde mit dem Erscheinen der von Tritten überarbeiteten Übersetzungen der Roman als «Neuübersetzung» deklariert. In der Ausgabe von 1939 *Heidi, la merveilleuse histoire d'une fille de la montagne* (wie der Titel anstelle des schlichten *Heidi* nun lautete) zeigten die Verleger Henri Studer und Flammarion unter der Rubrik *Dans la même collection – Johanna Spyri* folgende Titel an:

- *Heidi grandit.* Suite de la merveilleuse histoire d'une fille de la montagne avec fin inédite du traducteur [ohne namentliche Erwähnung des Übersetzers].
- *Heidi jeune fille.* Suite inédite de *Heidi* et de *Heidi grandit*, par le traducteur [der Name von Charles Tritten als Autor dieses Buches wird ab dem folgenden Band *Heidi et ses enfants* auf der Titelseite der Ausgabe von 1939 im Verlag Studer angegeben].
- *Heidi et ses enfants.* Suite inédite de *Heidi*, *Heidi grandit* et *Heidi jeune fille* [Charles Tritten wird ab der Ausgabe von 1939 immer noch deutlich als Autor genannt].
- *Heidi grand-mère* [Der Name der Verfasserin dieser neuen Fortsetzung, Réa, wird im selben Band erscheinen].

Sehen wir uns diese Bücher etwas näher an:

Heidi grandit: Die Angabe, dass die bisher unveröffentlichte Fortsetzung vom Übersetzer des Buches stammt, hat den Vorteil der Ehrlichkeit. Die vier Kapitel, die zum Originaltext hinzugefügt wurden, verfolgten ein klares Ziel: sie sollten den Übergang zu den beiden Folgebänden bewerkstelligen, deren Veröffentlichung zweifellos bereits geplant war.

In diesen vier neuen Kapiteln ist Heidi 12 Jahre alt. Auch wenn sie immer noch brünett ist, trägt sie doch zwei dicke Zöpfe und nähert sich damit bereits dem Bild an, das später durch Kino und Werbung verbreitet werden wird. Wir erfahren, dass sie sich Sorgen macht, weil sie nächstes Jahr – also mit nur 13 Jahren – in Ragaz «in den Dienst eintreten» müsse. Aber der Grossvater beruhigt sie und versichert ihr, dass er sich nicht von seiner «kleinen Hausfrau» trennen wolle. Heidi huldigt mehr und mehr dem Ideal von «Ordnung und Reinlichkeit» und ist ständig am Putzen. Im Winter erhält sie Unterricht in Schweizergeschichte (ein immer wiederkehrendes

Thema bei Tritten) und grämt sich sehr über das Schicksal Arnolds von Winkelried, jenes legendären Helden, dank dem die Eidgenossen 1386 die Österreicher in der Schlacht von Sempach besiegten. Heidi kümmert sich um eine notleidende Familie und dient bei ihr als eine Art Krankenpflegerin, nachdem ihr ihr Pate, der gute Dr. Classen, gesagt hatte, dass dies der einzige «ordentliche» Beruf sei, den eine Frau im Krankenhausbereich ausüben könne (Tritten lieh sich dieses veraltete Konzept von einem anderen Roman Spyris, *Sina*, von dem hier noch die Rede sein wird). Die Zeit schreitet zügig voran: nach einem netten Weihnachtsfest, das allen Freude bereitet, verlässt die mittlerweile fünfzehnjährige Heidi die Berge, um in ein Mädchenpensionat am Genfersee einzutreten.

Charles Tritten (1908–1948), der auch Bücher wie die *Abenteuer des Pinocchio* oder *Richard Löwenherz* adaptierte, war sicher einer der geschicktesten Fortschreiber der *Heidi*-Saga. Bevor wir die Fortsetzung des Spyri-Romans in seiner Fassung verfolgen, halten wir nochmals fest, dass er die ersten beiden *Heidi*-Bände neu übersetzte, den zweiten Band mit weiteren Kapiteln ergänzte, die wiederum seine eigene Fortsetzung des Romans einleiteten. Dabei gestattete er sich viele Freiheiten, indem er bestimmte Passagen (beispielsweise fast alle Kirchenlieder und zahlreiche Dialoge) wegliess. Er kürzte, straffte, vereinfachte. Er gefiel sich darin, den Personen der Geschichte französische Namen zu geben: Aus den Sesemanns werden die *Gérard*, aus Fräulein Rottenmeier *Mademoiselle Rougemont*, aus Dr. Classen *Docteur Réroux*. Sogar die Geissen erhalten neue Rufnamen: Distelfink, Türk und Schneehöppli heissen nun *Chardonneret*, *Grosse Turque* und *Blanchette*.

Die pietistische Komponente des Romans wird jedoch auch bei Tritten nicht ausgeblendet: Heidi betet weiterhin viel und wendet sich vertrauensvoll an Gott. Was neu hinzukam bei Tritten, ist das patriotische Element (schliesslich befinden wir uns im Krieg). Er füllte auch vermeintliche Lücken, indem er das Waisenkind Heidi über das Fehlen der Mutter klagen liess:

> C'est bien inutile de l'appeler, car elle ne viendra pas, elle ne viendra jamais consoler sa petite fille, la maman de Heidi. Et pourtant, aujourd'hui, la petite fille a besoin d'amour, de caresses. Elle voudrait se blottir, se réchauffer, se cacher. Elle voudrait qu'on la berce, qu'on l'embrasse et qu'on lui dise doucement sans la gronder: – Raconte-moi donc ce gros chagrin![57]

Dieser Aspekt fehlt eigenartigerweise völlig in den ersten beiden Bänden von Spyris *Heidi*, wo die Heldin das Problem sehr rasch gelöst zu haben scheint, indem sie ihr Bedürfnis nach mütterlicher Liebe auf die Ersatzfiguren – die verschiedenen Grossmütter – überträgt. Sie ist eine adoptierte Waise, die nie das Bedürfnis gehabt zu haben scheint, sich einen «Familienroman» zu erfinden, um diesen Freud'schen Ausdruck hier zu verwenden. Sie hat ihre ideale Familie auf der Alm neu erschaffen und scheint diesen Konflikt vermieden zu haben.

Was in Spyris Roman heute fade oder veraltet erscheinen kann, wird bei Tritten verstärkt, indem dieser Klischee an Klischee reiht und aus Heidi eine Karikatur der guten kleinen Hausfrau, der perfekten Frau am Herd und der hoch respektablen patriotischen Schweizerin macht. Im Übrigen war er ein grosser Kenner von Johanna Spyris Werk und dessen Geist. Man spürt, dass er auch ihre übrigen Texte kannte, die er gelegentlich sogar in seinen Fortsetzungen verwendete und einarbeitete, wie wir im Folgenden sehen werden.

Heidi jeune-fille führt uns in ein Pensionat bei Lausanne, wo Heidi andere junge Mädchen kennenlernt und sich mehr schlecht als recht in dieser neuen Umgebung zurechtfindet. Man erfährt, dass Klara ihr eine Geige geschenkt hat und dass sie diese seit zwei Jahren spielt (viele Figuren bei Spyri widmen sich diesem Instrument). Der Grossvater fühlt sich einsam auf der Alm und wartet sehnlich auf Heidis Briefe. Thony, sein neuer Geissenhirt, hat Peter ersetzt, der inzwischen Gärtner geworden ist. Angesichts der Traurigkeit des Grossvaters ordnet Doktor Réroux an, dass Heidi im Sommer zu ihm auf die Alm kommt. Sie erscheint mit Jamy, einer ungarischen Mitschülerin, die inzwischen ihre beste Freundin geworden ist. Jamy verfällt augenblicklich dem Zauber des Lebens auf der Alm und kann sich vor Begeisterung über die Schönheit der Landschaft kaum fassen.

Man schrammt knapp am Drama vorbei, als ein Zicklein hilflos über dem Abgrund hängt, aber Thony rettet die Situation. Diese Episode lag bereits in einer anderen Erzählung Spyris vor, *Moni der Geissbub*, die Tritten hier fast plagiatartig für seine eigene Erzählung verwendet. Es ist die Geschichte von Moni, einem netten, fröhlichen Geissbub, der Jörgli, einem unehrenhaften Kollegen, begegnet. Dieser hat ein kostbares Schmuckstück gefunden, das er lieber verkaufen möchte als den Besitzer ausfindig zu machen. Er fordert Moni auf, mit ihm gemeinsame Sache zu machen, indem er ihm im Gegenzug verspricht, das Geisslein vor dem Tod zu bewahren (sein Besitzer will es nämlich schlachten, weil es zu schwach ist). Tritten verändert lediglich die Namen – bei ihm ist es Jamy, die das Schmuckstück verloren hat, und nicht, wie bei Spyri, Paula, eine Dame, die als Kurgast in den Bergen weilt – und schon ist der Trick gelaufen!

Das Kapitel mit dem Titel «Un tragique événement sur l'alpe» lässt uns Zeuge werden, wie Alm-Öhis Hütte nach einem Blitzschlag in Flammen aufgeht. Der schwer betroffene alte Mann kümmert sich jedoch nach wie vor um die Kinder und erzählt ihnen Geschichten wie die Legende vom Pilatusberg und viele andere in der Schweizer Geschichte und Tradition verankerte Erzählungen.

Bei ihrer Rückkehr ins Dörfli erfährt Heidi, dass sie als Lehrerin in Hinterwald gewählt worden ist. Wiederum verwendet Tritten eine Erzählung Spyris, *In Hinterwald*, die im Band *Aus den Schweizer Bergen* enthalten ist. Dabei geht es um ein dubioses Dorf, eine Art ‹Anti-Dörfli›, in dem die Kinder verlaust und rauflustig sind. Der aufsässigste unter ihnen, ein gewisser Chel, den die Lehrerin zu zähmen vermag und der ihr schliesslich sein Versteck zeigt, wo er seiner Leidenschaft, der Malerei, frönt. Sie ermuntert ihn, auf diesem Weg weiterzugehen und verwandelt ihn in einen braven Jungen. Der Erzählband endet mit der Vermählung von Heidi und Peter.

Heidi et ses enfants. Dieses überladene und schlecht konstruierte Werk ist bestimmt der am wenigsten geglückte Beitrag Trittens. Heidi hat bereits drei Kinder: Henry, Annette und Paul. Die Informationen und Ereignisse überstürzen sich. Man erfährt, dass Jamy, die Freundin aus dem Mädchenpensionat, nun in den USA lebt und mit ihren Kindern in die Schweiz kommen will (wo sie vier Jahre bleiben wird), in der Hoffnung, dass die gesunde Alpenluft ihre Tochter Margareth-Rose von ihrem Asthma befreien wird. Auf der Alm entsteht Unruhe, als man entdeckt, dass Peter die Fremden nicht mag! Anlass zur Sorge gibt auch Heidis Tochter Annette, die als verschlossen und verhaltensgestört geschildert wird und die sich ungeliebt fühlt, was ihre Mutter sehr beunruhigt. Schliesslich wird das ganze Haus umgekrempelt, um die Gäste aus Amerika zu empfangen. Diese dürfen nun Ausflüge in die Berge unternehmen und werden auf eine grosse Besichtigungstour rund um die Schweiz mitgenommen – für Tritten ein willkommener Vorwand, um einige Lektionen in nationaler Geschichte und Lobgesänge auf die Heldenhaftigkeit der Schweizer einzustreuen.

Tritten fügte im Laufe der Zeit immer mehr Geschichten in seine Erzählung ein und liess Heidi überlieferte lokale Sagen und Legenden wie die von der Teufelsbrücke, von den Gämsen oder von den Salzminen von Bex erzählen. Wiederum plünderte er Spyris Werk, indem er zwei ihrer Geschichten in die Erzählung einfügt: *Am Felsensprung* (aus *Kurze Geschichten*) und *Die Elfe von Intra* (aus *Aus den Schweizer Bergen*). Hochgradiger Widerspruch oder geniale literarische Verschachtelung? Heidi wird selber zur Erzählerin der Erzählungen ihrer Erfinderin …[58]

Nach einer Besichtigung der nationalen Heiligtümer (unumgänglich: Rütliwiese, Tellskapelle und Rheinfall) werden Annette und Margareth-Rose in eben dem Pensionat untergebracht, das ihre Mütter zwanzig Jahre zuvor besucht hatten. Jamys Tochter entgeht hier knapp dem Tod durch eine Scharlacherkrankung, doch wird sie später dank Lausanner Ärzten und einem Kuraufenthalt auf der Alm geheilt.

Hier ist Trittens Heidi-Mission abgeschlossen, aber die Saga des Bergkinds ist damit mitnichten beendet; die Fackel wird an andere Autoren weitergereicht: Nathalie Gara und Réa, Pseudonym von Albert-Émile Roussy.[59] Letzterer zeichnet für den in den Éditions Studer erschienenen Fortsetzungsband *Heidi grand-mère* verantwortlich, zu dem Jean Berthold sehr gepflegte Illustrationen beisteuerte. Auf den ersten Seiten werden die Ereignisse der vergangenen Jahre zusammengefasst, die Kinder von Heidi und Margareth-Rose aufgezählt und deren Aktivitäten beschrieben; in der Folge erfahren wir mehr über die Enkelkinder der beiden Frauen, die mittlerweile Grossmütter geworden sind. Die ersten Kapitel befassen sich des Langen und des Breiten mit der Schule des Dörfli, die ihren Lehrer verloren hat, der vorübergehend durch Heidi und später durch deren Tochter Annette ersetzt wird. Diese erwirbt die Grundbegriffe des Unterrichtens und lernt die Freuden und Schattenseiten des Lehrerdaseins kennen. Einer von Heidis Söhnen kommt mit seiner Familie aus Amerika zurück und man besucht gemeinsam die Landesausstellung in Zürich. Danach wohnen alle einer rauschenden 1. August-Feier bei, die mit den obligaten Fahnen, Hymnen und Feuerwerk begangen wird. Am Ende des Buches stehen wir in den Anfängen des Zweiten Weltkriegs. Die Männer werden zum Kriegsdienst eingezogen und Heidis Familie nimmt ein französisches Waisenkind aus dem Elsass auf, das selbstredend dem Zauber der Alpenwelt unverzüglich erliegt.

Diese Fortsetzungen sind offensichtlich aus kunterbunten Versatzstücken zusammengeschustert; man vermisst eine klare Linie und es fehlt die erzählerische Konsequenz. Die Erzählungen werden von allerlei Legenden und von Geschichten, die Spyri entlehnt sind, unterbrochen. Sie scheinen vor allem als Vorwand zu dienen, um den Schweizer Kindern die Geschichte ihres Landes nahezubringen und in ihnen patriotische Gefühle zu wecken – abgesehen davon, dass diese Publikationen durchaus kommerziellen Charakter haben. Da die Personen psychologisch nur grob skizziert sind, wird man mit den neu hinzugekommenen Charakteren nicht wirklich warm. Mit einem gewissen Interesse verfolgt man allenfalls die Entwicklung Heidis. Obwohl noch immer fest verwurzelt in ihren Bergen, sind die Menschen mobiler geworden, reisen in der Schweiz herum, empfangen ihre amerikanischen Freunde und werden auch ein bisschen spiessiger. Die moderne Welt erhält Einlass, der Krieg erscheint als ungebetener Gast, man ist nicht unempfindlich gegenüber dem Unglück der Andern, aber: der Zauber der ersten beiden *Heidi*-Bände ist verflogen. Nicht jeder ist schliesslich eine Johanna Spyri ...

Die Fortsetzungen stürzen die Leser zusehends in Verwirrung. In einer späteren Ausgabe (1958) der Reihe *Flammarion – Jeunesse* wird die Liste der in derselben Reihe erschienenen Bücher mit dem Titel *Sans patrie* ergänzt; dabei handelt es sich sehr wohl um ein Werk Spyris (*Heimatlos*), sogar um eines ihrer besten. Dann finden wir den Titel *Au pays de Heidi*, der eine Sammlung von vier Erzählungen Spyris darstellt, die aber nichts mit der *Heidi*-Geschichte im engeren Sinn zu tun haben. Einmal mehr handelt es sich hier um Adaptionen Trittens, wobei er drei von vier Titeln der älteren französischen Ausgaben geändert hat: *Comment Wiseli trouva son chemin* wird *Le Chemin du bonheur*; *Cromelin et Capella* wird *L'Enfant de la*

Bernina; *Bien gardée* wird *Le Miracle du précipice*. Auch hier vereinfacht Tritten, ändert Namen und gestaltet die Handlung grundlegend um, so z.B. in *L'Enfant de la Bernina*, wo die kleine Cili – die jetzt Mado heisst – nicht mehr stirbt, mit dem Wunsch, in den Himmel zu kommen, um ihre Mama wiederzusehen, sondern von einer Familie aufgenommen wird, die sich ihrer erbarmt.

Tritten publiziert ausserdem *Une nouvelle patrie*, eine Erzählung Spyris, die im zweiten Band von *Les Enfants de Gritli* enthalten ist und die den Titel seines zweiten Kapitels «La nouvelle patrie» wiederaufnimmt.

Bleibt noch die Erzählung *Le Sourire de Heidi*, die als Werk Spyris in der Bearbeitung von Nathalie Gara präsentiert wird. Es ist die kuriose Geschichte der Familie Drancourt, deren Kinder von einem Schloss fasziniert sind, in dem es angeblich spukt. Darin gibt es nur fünf Bezugnahmen auf die echte Heidi, deren Zweck einzig darin besteht, den Titel der Erzählung zu rechtfertigen: Madame Drancourt hat eine Jugendfreundin, Béatrice, deren Lächeln sie an Heidi erinnert, mit der sie früher verkehrte. Das ist recht mager. Diese Béatrice, die wie Heidi die seltene Gabe besitzt, den Weg zu allen Herzen zu finden,[60] findet schliesslich heraus, dass der Kastlan (der mit dem Alm-Öhi verglichen wird) ihr Onkel ist. Dieser adoptiert sie am Ende, was der Dramaturgie zahlreicher Erzählungen Spyris entspricht.

Nachdem ich lange zweifelte, ob dieser Text wirklich von Spyri stammt, entdeckte ich schliesslich, dass es sich dabei um eine sehr abenteuerliche Adaption einer Erzählung unserer Autorin aus dem Jahr 1892 – *Schloss Wildenstein* – handelt. Zwar werden die ganz grossen Linien der Handlung respektiert, aber der Text ist stark gekürzt und die deutschen Namen werden erneut durch französische ersetzt: Leonore wird *Béatrice*, Frau Maxa wird *Mme Drancourt*. Die eingefügten Verweise auf *Heidi* entsprangen freilich der Fantasie Garas und sind zweifellos kommerziell begründet.

In der Reihe *Flammarion – Jeunesse* sind die schönen Illustrationen der 1930er Jahre von Jodelet inzwischen durch die wesentlich grobschlächtigeren Zeichnungen von Minot ersetzt worden.

Damit befinden wir uns offensichtlich in einem Reich, wo die absolute Verschwommenheit und das Ungefähre das Zepter führen. Erstaunlicherweise hat dieses Fortsetzungsphänomen die deutschsprachige Welt nicht erfasst, so dass man in der Deutschschweiz nur die beiden ersten *Heidi*-Bände kennt. Dagegen wurde Trittens Saga sehr wohl ins Englische übersetzt (wobei er in den amerikanischen Ausgaben durchaus als Autor genannt wird).

Die Titel der beiden ersten *Heidi*-Bücher variiert von Verlag zu Verlag, wie die folgenden Beispiele zeigen:

- Éditions Charpentier: *Heidi* bleibt *Heidi*, aber aus *Encore Heidi* wird *Heidi dans ses montagnes*.
- L'École des Loisirs: *Heidi, monts et merveilles* und *Heidi devant la vie*.[61]
- Folio Junior: *Heidi* und *Heidi, 2e partie: un été dans les montagnes*.

Dasselbe Phänomen wiederholt sich bei den Kapitelüberschriften, die je nach Herausgeber seltsame Verwandlungen erfahren. Der Titel des ersten Kapitels «En route pour l'alpe» wird in der Ausgabe von Flammarion von 1980 zur Unkenntlichkeit verändert: «Comment le grand-père sauvage va-t-il accueillir Heidi?»

Dieser Mangel an Sorgfalt, diese Willkür und diese vielen Freiheiten und Fantasien sind durch das geringe Mass an Aufmerksamkeit bedingt, das solchen ‹Einzelheiten› im Bereich der Kinderliteratur in der Regel geschenkt wird. Man nimmt an, dass es weder Eltern noch Kinder kümmert, ob sie ein originales Werk lesen oder nicht. Dies gilt auch für so bekannte Texte wie *Alice im Wunderland*, *Peter Pan* oder *Pinocchio*,[62] von denen unendlich viele Fassungen und Adaptionen zirkulieren; nicht zu reden von Sagen und Märchen, deren Gestalt sich je nach Land oder Epoche stark verändern.

Auch über Übersetzungsfehler könnte man sich hier auslassen. Einer der frappierendsten ist sicher das falsche Verständnis der Ausdrücke «Herr Pfarrer» oder «Gottesdienst», die in der an sich schönen kommentierten Ausgabe, *Gallimard – Jeunesse* 1995, als «Monsieur le curé» bzw. «messe» wiedergegeben werden. Unsere durch und durch protestantische Johanna hätte sich dabei wohl im Grabe umgedreht!

Erstaunlicher noch ist die Tatsache, dass in Internet-Buchhandlungen Werke von Spyri angeboten werden, die sie niemals schrieb. Nichtsdestotrotz wird in dicken Lettern verkündet: «Bücher, die Johanna Spyri verfasst hat». Dann folgt eine schier endlose, schwindelerregende Aufzählung von Titeln, die Heidi nicht nur auf den Bergen, sondern auch in Paris, in Gesellschaft von Delphinen, dem

Weihnachtsmann, von Gespenstern und weiterem mehr präsentieren, wie die nachfolgende, keineswegs erschöpfende Liste zeigt:

> Heidi grandit; Un été dans les montagnes; Heidi, jeune fille; La jeunesse de Heidi; Heidi et la fête; Heidi à Dörfli; Heidi et la maison des oiseaux; Heidi et l'avalanche; Heidi à Paris; Heidi et l'oiseau merveilleux; Heidi et le cirque; Heidi et le plus étrange des animaux; Heidi et le voleur de chèvres; Heidi et la forêt incendiée; Heidi et le chien en détresse; Heidi et la rentrée des classes; Heidi et Balthazar; Heidi et le Père Noël; Heidi et le chasseur de chamois; Heidi et César le poney; Heidi et le voleur de miel; Heidi et l'ami venu du ciel; Un orage sur l'Alpe; Heidi et le hérisson; La Maison enchantée; Heidi et la roulotte mystérieuse; Heidi et le fantôme de l'Alpe; Heidi et la marmotte apprivoisée; Un Noël pas comme les autres; Heidi et la rivière enchantée; Heidi et le loup; Le dauphin bleu; Heidi et le concours de luge; La grotte mystérieuse; Heidi et l'ourson; Heidi et le moulin abandonné; Heidi et Bruno le chevreau; Heidi et l'oiseau blessé; Heidi et les écureuils; Heidi, le secret de l'Alpe; Heidi et la chèvre perdue; Heidi et l'edelweiss; Heidi dans ses montagnes; Heidi revient ...

Man wird es mir hoffentlich nachsehen, dass ich mich nicht auf eine detaillierte Vergleichsstudie dieser vielen Fassungen eingelassen habe, deren Qualität mir nicht bekannt ist.

In der Nachfolge Trittens finden wir eine andere Autorin, Marie-José Maury, die weitere *Heidi*-Fortsetzungen in französischer Sprache verfasst hat. Die Liste ihrer Titel birgt Überraschungen, denn bei ihr verschlägt es Heidi bis nach Amerika. Hier eine Auswahl:

> Heidi rentre à Dörfli; Heidi à Paris; Heidi et l'Alpe sauvage; Heidi et le cirque; Heidi et les chiens d'avalanches; Heidi et le grand troupeau; Heidi à Dörfli; Heidi et le château mystérieux; Heidi et la petite école; Heidi et son bateau; Heidi et Nora; Heidi à la montagne; Heidi à la mer; Heidi et Claire au chalet; Heidi à la ferme; Heidi et le grand hiver; Heidi voyage; Heidi et la cordée perdue; Heidi en Amérique; Heidi et le retour au village; Heidi fête Noël.

Kurioserweise überschneiden sich einige Titel oder sind sich sehr ähnlich.

In der Kinder- und Jugendliteratur gab es allerdings schon immer diesen Hang, Geschichten weiter- und weiterzuschreiben. Man kann hier von einer regelrechten Fortsetzungsmanie sprechen. So hat man z.B. schon lange aufgehört, die Fortsetzungen von *Martine*, des 1954 erschienenen Kinderbuchklassikers von Gilbert Delahaye, zu zählen. Aber mindestens sind die Autoren in diesem Fall klar identifiziert: ab 1999 war es Jean-Louis Marlier, der Sohn des Illustrators, der die Texte schrieb.

In den USA gibt es das Phänomen der *Pollyanna*, die manchmal als verspätetes Äquivalent von *Heidi* (ohne Grossvater und ohne Berge) bezeichnet wird. Dieses von Eleanor H. Porter verfasste Buch, dessen erste zwei Bände 1913 und 1915 erschienen, generierte später eine ganze Reihe von Fortsetzungen, die von anderen Autoren, u.a. Harriet Lummis Smith und Elizabeth Borton, verfasst wurden. In diesen unter der Bezeichnung *Glad books* bekannten Büchern wird die Philosophie des *Glad game*, des ‹Zufriedenheitsspiels›, entwickelt, die darin besteht, sich einen felsenfesten Optimismus anzueignen, alle Dinge von der guten Seite zu nehmen und die Fähigkeit zu erwerben, alle Zwischenfälle des Lebens – und seien sie noch so lästig oder schmerzvoll – in einen Augenblick des Glücks oder der Befriedigung zu verwandeln. «Das Spiel bestand darin, dass man irgend etwas fand, worüber man sich freuen konnte, ganz gleich, was»,[63] erklärt die junge Pollyanna, ein elfjähriges Mädchen, mit blonden Zöpfen und, wie Heidi, ein Waisenkind (am Anfang der Geschichte stirbt ihr Vater, der Pfarrer war). Hier ein Beispiel für dieses Spiel: Pollyanna, die sich eine Puppe wünscht, wird an die Sozialfürsorge verwiesen; diese schenkt ihr – ein Paar Krücken. Wie muss sie nun reagieren? Sie soll sich darüber freuen, dass sie keine Krücken braucht! Leider wird Pollyanna am Ende des ersten Bandes von einem Auto angefahren und wird gelähmt. Mit ihrem Spiel der Zufriedenheit wird es nun schwierig, auch wenn sie sich ‹glücklich› darüber zeigt, *dass sie früher ihre Beine gebrauchen konnte*. Nach der Behandlung in einer Spezialklinik kann sie wieder gehen und findet zu ihrem Optimismus zurück. Natürlich erinnern wir uns dabei an Klara.

Auch wenn Pollyanna Pfarrerstochter ist und ein sehr protestantisches missionarisches Pflichtgefühl die ganze Erzählung durchzieht, gibt es hier nicht denselben Katechismus wie bei Spyri. Das dem Zufriedenheitsspiel zugrunde liegende positive Denken wird zur neuen Religion, die es ermöglicht, mit allem fertigzuwerden, den Mitmenschen zu helfen und sie zu besseren Wesen zu machen – genauso wie dies Heidi in ihrem Umfeld praktiziert.

Nun verstehen wir besser, warum Spyris Roman auf der anderen Seite des Atlantiks so hoch geschätzt werden konnte, angesichts dieses so ausgeprägten Sinnes für positives Denken, mit dem Eleanor H. Porter ihre Heldin ausstattet, und man kann sich gut vorstellen, dass sie die Geschichte des Schweizer Bergkinds zuvor gelesen hat.

Die Liste der Beispiele von Umwandlungen, Fortsetzungen und Adaptionen des Spyri-Romans liesse sich fast beliebig verlängern. So viele Nachkommen zeugte dieses Werk, dass es ein eitles Unterfangen wäre, sie alle verzeichnen und systematisch miteinander vergleichen zu wollen. Angesichts ihres internationalen Rufs besteht auch hohe Wahrscheinlichkeit, dass Heidi noch weitere, viel exotischere Schicksale widerfahren sind, von denen wir keine Kenntnis haben.

Ein Fall verdient in diesem Zusammenhang jedoch besondere Aufmerksamkeit: Japan. Wenn sich täglich lange, dichte Kolonnen japanischer Touristen den ansteigenden Weg bis ins Dörfli hocharbeiten, ist dies nicht nur auf die effiziente Werbung des Heidilands in Japan zurückzuführen. Vielmehr besteht seit langem eine echte Liebesgeschichte zwischen diesem Land und unserem Kind der Berge. Die erste Übersetzung des *Heidi*-Romans ins Japanische datiert von 1920. Fünf Jahre später entstand eine neue, stärker japanisierende Fassung des Buchs, *Kaede monogatari*, in dem alle Namen verändert und dem Japanischen angeglichen wurden. Sie markierte den Beginn einer wahren Leidenschaft, denn im Kaiserreich der aufgehenden Sonne sollten über dreissig Ausgaben von *Heidi* veröffentlicht werden; auch ist Japan das einzige Land, in dem angeblich sämtliche Werke Johanna Spyris übersetzt wurden. Wie bereits erwähnt, gingen die Japaner sogar so weit, ein *Heidi's Village* in ihren Bergen zu errichten.

Den Höhepunkt seiner Beliebtheit erreichte der Roman, als Isao Takahata 1974 den von Shigeto Takahashi produzierten Zeichentrickfilm *Arupusu no Shoujo Haiji (Heidi, das Mädchen der Alpen)* schuf, der in 52 Episoden während eines ganzen Jahres am Fernsehen ausgestrahlt wurde. Mit typisch japanischem Sinn für Perfektion schuf Takahata ein filigranes Kunstwerk, das durch seine Sorgfalt und Detailgenauigkeit besticht. Er besuchte die Originalschauplätze, um deren Atmosphäre einzufangen und liess sich von den alpinen Landschaften inspirieren.

Der Film folgt im Grossen und Ganzen ziemlich genau der Romanhandlung trotz einiger unvermeidlicher Abweichungen und eigenwilliger Interpretationen. So ist etwa Peter wesentlich sympathischer als sein Vorbild. Heidi hat einen Hund, Herkules, und die beiden Kinder gehen mit Jungen aus dem Dorf schlitteln. Allen voran wird aber Grossmutter Sesemann mit frei erfundenen Extras ausgestattet. Sie erscheint in ihrer Frankfurter Wohnung in einem Bärenkostüm, das sie sich bei einem Zirkus ausgeliehen hat, und stösst knurrende Laute aus, um die Kinder zu erschrecken. Diese sehr originelle alte Dame hat die Allüren einer Mary Poppins, führt Zaubertricks aus, bringt Gläser zum Singen, spielt im Treppenhaus wie ein kleines Gör, tanzt mit dem verkleideten Dienstpersonal und führt die beiden Mädchen in die Wälder ausserhalb der Stadt, um sie die Luft in der freien Natur atmen zu lassen. Sie führt Heidi in das «Wunderland» ein, eine Art Kuriositätenkabinett, das voll von bunt zusammengewürfelten und exotischen Gegenständen ist, von denen einer die kleine Schweizerin besonders fasziniert: ein Gemälde, das einen alten Mann und ein Kind zeigt, die mit ihrer Herde unterwegs sind, mit verschneiten Bergen im Hintergrund.

Es ist leicht zu erahnen, dass die Chemie zwischen der recht verschrobenen Dame und Fräulein Rottenmeier niemals stimmen kann und trotz ihrer Herzensgüte ist diese alte Dame grundverschieden von Spyris pietistischer Grossmutter. Auch wenn die japanische Heidi dank ihr lesen lernt – ins Beten wird sie von ihr nicht eingeführt.

Die Verfilmung des zweiten Teils des Romans dreht sich hauptsächlich um Klara, ein Sachverhalt, der die einschneidenden Veränderungen erklärt, die der Roman hier erfährt. Vor allem aber begleitet Fräulein Rottenmeier Heidi auf die Alm, und man kann sich vorstellen, wie ein Drehbuch aus der Verpflanzung einer gespannten, ängstlichen und angewiderten Gouvernante in eine völlig ungewohnte Umgebung Kapital schlagen kann. Peter reagiert auf das behinderte Mädchen weder mit Zorn noch mit Eifersucht. Er ist im Gegenteil solidarisch mit Heidi, akzeptiert Klara und hilft ihr wo er kann. Konsequenter Weise fehlt darum auch die Szene, in der der Rollstuhl vom wütenden Geissbub zerstört wird. Jegliche Gewalt, auch symbolische, wird aus der Geschichte verbannt.

Mehrere Episoden befassen sich ausführlich mit Klaras Gehversuchen. Alles beginnt mit einem ‹heilsamen› Schock: eine herannahende Kuh versetzt Klara in solchen Schrecken, dass sie sich erstmals wieder auf den Beinen halten kann. Dann werden wir Zeugen der Rehabilitationsversuche des ‹Berglertrios›, bestehend aus Alm-Öhi, Heidi und Peter, die die Freuden, Schmerzen, Zweifel und Ängste des Mädchens aus Frankfurt mittragen. Als Klara den im Schuppen versorgten Rollstuhl holen will, fällt sie hin und hält sich an ihm fest; er gerät in Fahrt, stürzt einen Abhang hinunter und zerschellt. Die Emotionen gehen hoch, als Klaras Vater und Grossmutter Sesemann, die in Bad Ragaz geblieben war, entdecken, dass das Kind wieder gehen kann.

Der Film endet mit schönen Bildern, die den Wechsel der Jahreszeiten zeigen; dann folgt die sehnlich erwartete Heimkehr Klaras und eine kleine Anschauungsstunde in Physiotherapie: Das plötzlich sehr entspannte Fräulein Rottenmeier hilft dem Mädchen in ihrem Frankfurter Heim die Treppen hoch- und runtergehen.

Keine Gewalt, wenig Gebete, ausschliesslich gute Gefühle und viel Lebensfreude: der Geist der Spyri und ihre Botschaft setzen sich am Ende trotz einer gewissen Verdünnung durch.

Die Popularität des Heidi-Mythos in Japan lässt sich auf verschiedene Weise erklären. Die Japaner fürchten und verehren die Natur zugleich, die sich auch in ihrem Land besonders gewalttätig und zerstörerisch gebärden kann. In der shintoistischen Tradition widerspiegelt die Natur das Göttliche und die Tempel befinden sich oft an ausgesucht schönen Standorten. Gleichzeitig haben die Japaner die Natur immer zu bändigen versucht und sie dadurch gewissermassen sublimiert. Typische Beispiele dafür sind die Zen-Gärten, Trockengärten, in denen Kies und Steine kunstvolle Muster bilden, Ikebana, die hochperfektionierte Kunst des Blumensteckens, oder die Kunst des Bonsai, diese Zwergbäume, die man nicht gross werden lässt, indem man ihre Zweige beschneidet und ihr Wachstum mit Draht unterbindet.

In seinem Roman *Les Météores* (dt. *Zwillingssterne*) beschreibt Michel Tournier dieses Phänomen sehr treffend:

> Typhons, tremblements de terre ... Je ne peux m'empêcher de voir un rapport entre ces convulsions du ciel et de la terre et l'art des jardins qui marie précisément ces deux milieux selon des formules subtiles et méticuleuses.
>
> [...] en rapetissant le paysage, on accède à une puissance magique croissante. Le mal en est écarté et la jeunesse éternelle se respire dans ses frondaisons naines.[64]

Bei Heidi haben die Berge nie wirklich etwas Beängstigendes; sie sind freundlich, eine Quelle des Glücks, der Schönheit und der Gesundheit, und eine Emanation der göttlichen Erhabenheit.

Die Japaner frönen dem Ordnungs- und Sauberkeitskult – Werte, die auch für die Menschen in der Schweiz hohen Stellenwert besitzen – und Heidi ist eine perfekte Hausfrau, die alles aufräumt und blank putzt. Dazu kommt, dass die Welt der Kindheit für die

Japaner das Paradies schlechthin bedeutet. Das Leben der Erwachsenen ist in diesem Land hart und anspruchsvoll und was Arbeit und Disziplin betrifft, versteht man hier keinen Spass. Die Kindheit ist für sie eine Art Refugium, so kleiden sich etwa Japanerinnen manchmal gerne wie kleine Mädchen und alles, was *kawaii*, *cute*, also niedlich ist, besitzt hier grosse Anziehungskraft. In einer Gesellschaft, die zunehmend robotisiert und virtuell ist, ist eine Rückkehr zur Natürlichkeit sehr gefragt. – Heidi verkörpert alle diese Qualitäten.[65]

Mögen die vielen Abwandlungen, die die Geschichte in Romanform erfahren hat, erstaunen, so mutet dieselbe Erscheinung zweifellos weniger ungewöhnlich an, wenn es um die grosse Leinwand geht, wo Adaptionen literarischer Vorlagen gängige Praxis und allgemein akzeptiert sind. Bis heute ist immerhin ein knappes Dutzend Kinoversionen von Spyris Bestseller realisiert worden.

Der erste, kaum bekannte, Kinofilm wurde 1920 vom kanadischen Regisseur Frederick A. Thomson (1869–1925) gedreht. Die wirkliche Filmkarriere Heidis beginnt jedoch 1937 mit dem Streifen von Allan Dwan, «der sich mit einer in holländischen Galoschen und mit Tiroler Grossvater vor Pappkarton-Bergen tänzelnden Shirley Temple an der Grenze zur Selbstpersiflage bewegte»,[66] wie Hervé Dumont in seiner *Geschichte des Schweizer Films* sarkastisch bemerkt. Aber er ist nicht der einzige, der diese Produktion, die von der damaligen Presse als regelrechte Plünderung von Spyris Werk betrachtet wurde, scharf kritisierte.

Das Drehbuch spricht diesbezüglich Bände. Die Handlung spielt in Deutschland, genauer im Südschwarzwald.[67] Der Grossvater, der wie ein Hollywood-Moses aussieht, erzählt Heidi Märchen, spielt Schullehrer und nimmt das Kind sehr bald in die Kirche mit, wo er sich bereits mit jedermann versöhnt. Mit acht Jahren wird Heidi von Dete nach Frankfurt entführt, wo sich herausstellt, dass Fräulein Rottenmeier Absichten auf Herrn Sesemann hat. Nicht mit jungen Kätzchen, sondern mit einem richtigen Affen wird die Gouvernante in diesem Film terrorisiert. An Weihnachten stellt sich heraus, dass Klara wieder gehen kann; das Wunder verdankt sie Heidi, die sie zu üben ermuntert hat. Der Grossvater geht zu Fuss (!) nach Frankfurt, um Heidi heimzuholen, aber da er alle Kinder anspricht und an alle Türen pocht, wird er verhaftet und ins Gefängnis gesteckt. Er entweicht und stösst auf Fräulein Rottenmeier, die versucht hat, Heidi loszuwerden, indem sie sie Zigeunern verkaufen wollte. Nun folgt eine westernreife Szene, in der der Grossvater, verfolgt von der berittenen Polizei, auf dem Schlitten davonrast. Er wird erneut gefasst und verhaftet und Heidi wird wieder Fräulein Rottenmeier zugewiesen. Aber das Kind wehrt sich und als der Name Sesemann fällt, klärt sich für die

Polizei alles auf. Die folgende Szene führt uns auf die Alm, mit allen Freunden aus Frankfurt und einer kerngesunden Klara, die wie ein munteres Zicklein herumspringt. Ohne Zweifel ein Produkt blühender Fantasie …

Auch der Film von Luigi Comencini von 1952 ist nicht frei vom Makel der fantastischen Adaption. Der Grossvater hat hier eine völlig andere Vergangenheit als der Alm-Öhi im Original: er wird für eine Feuersbrunst verantwortlich gemacht, die das Dorf verwüstete und in der sein Sohn, Heidis Vater, ums Leben kam. Wie in Allen Dwans Film wird Heidi von Dete buchstäblich nach Frankfurt entführt. Erstaunlicher noch: Klara gewinnt ihre Mobilität nicht auf der Alm als Folge der kräftigenden Bergluft zurück, sondern indem sie sich bei einem Besuch eines Pferdestalls in Frankfurt hochzuhangeln versucht, um die Tiere besser sehen zu können.

Es ist wirklich eigenartig zu sehen, wie diese doch so fundamentale und ergreifende Szene systematisch verändert und uminterpretiert worden ist. Offenbar wurde sie als zu irritierend empfunden …

Bei Comencini hat Peter keine Grossmutter, so dass die bei Spyri so wichtige Mutterbeziehung entfällt; der religiöse Kontext fehlt fast vollständig und der Pfarrer im Dörfli hat die Allüren eines amerikanischen Basketballspielers. In der Gespensterszene fehlt es an Spannung, weil sofort klar wird, dass es Heidi ist, die im Haus herumgeistert. Als einer der Höhepunkte des Films sei immerhin die Szene erwähnt, in der Heidi – von der berührenden Elsbeth Sigmund packend dargestellt – auf den Turm der Kathedrale in Frankfurt steigt: ein nicht enden wollender Aufstieg, der in der grossen Enttäuschung des Kindes mündet, das, trotz all seiner Anstrengungen, einen Blick auf die Berge zu erhaschen, nichts als Dächer sieht und in Melancholie verfällt.

Dieser Film findet 1954 eine Fortsetzung mit *Heidi und Peter* unter der Regie von Franz Schnyder und unter erneuter Mitwirkung von Elsbeth Sigmund. Das Drehbuch dieser Verfilmung des zweiten Teils des *Heidi*-Romans gestattet sich ebenfalls grosse Freiheiten. Trotz eines Rückfalls will Klara unbedingt Heidis Alm besuchen. Die Reise findet in Begleitung von Grossmutter Sesemann und Fräulein Rottenmeier statt, die in der Bergwelt Höllenqualen leidet. Trotz des Verbots der Gouvernante verlässt Klara ihren Rollstuhl. Peter, dem die Anwesenheit des Mädchens aus Frankfurt missfällt, wirft den Rollstuhl den Berg hinunter – und wird vom Grossvater dafür gelobt! Nach einem schlimmen Gewitter wird Maienfeld überflutet und Klara flieht in Panik aus dem Haus. Herr Sesemann veranstaltet ein Wohltätigkeitsfest in Bad Ragaz, um Geld für den Wiederaufbau des Dorfes zu sammeln. Alle gehen in glücklicher Stimmung von dannen; wir erfahren, dass Fräulein Rottenmeier einen Mann gefunden hat, und dass Herr Sesemann beschlossen hat, die Schulbildung Peters, der dank Heidi perfekt lesen gelernt hat, zu finanzieren.

Hervé Dumont, der keinerlei Gespür für Heidis Seele hat, findet keine Worte, die hart genug sind, um diesen Film zu beschreiben. Er konstatiert eine «künstlerische Kapitulation», spricht von einer Idylle «im vierfarbenen Postkarten-Panorama», von der die Sesemanns begreiflicherweise «ganz bezaubert» sind, und bedauert, dass aus «dem wilden Bergmädchen» ein «folgsames Frauenzimmerchen» geworden ist – ein sehr strenges Urteil für eine Produktion, die sicher sehr freizügig mit Spyris Text umgeht, die letzten Endes aber auch etwas Ehrliches hat und in einem grossartigen Rahmen inszeniert wurde. Im Übrigen fällt Dumonts Verdikt auch nicht milder aus, wenn es um Johanna Spyri selber geht, indem er die «Klischeehaftigkeit und melodramatische Sentimentalität»[68] der literarischen Vorlage tadelt.

Auf jeden Fall wurde *Heidi* derart erschöpfend übersetzt, neu übersetzt, adaptiert, erweitert und fortgesetzt, dass man sich fragen kann, welches dieser vielen *Heidis* die angeblichen Kenner des Romans gelesen oder gesehen haben, und ob es nicht gerade deswegen auch so grosse und gravierende Missverständnisse beim Publikum gibt. Eigentlich kein Wunder, dass die wirkliche Autorin des Buches nicht nur von den Buchumschlägen, sondern auch aus dem Gedächtnis der meisten Leserinnen und Leser verschwunden ist.

Nicht nur *Heidi*

Die anderen Werke Johanna Spyris

Auch wenn Johanna Spyri in allererster Linie für ihre beiden Bände von *Heidi* bekannt ist, hat sie auch viele andere Erzählungen geschrieben. Im Ganzen hat sie, wie oben bereits erwähnt, rund fünfzig Werke – grösstenteils, aber nicht ausschliesslich, für Kinder – verfasst. Ich habe im Laufe dieser Untersuchung bereits mehrmals auf andere Erzählungen Spyris hingewiesen, um meine Darlegungen zu illustrieren. Manchmal wird so getan, als ob ein Autor nur ein einziges Buch verfasst hätte, weil dieses eine das ‹Beste› ist oder weil sich der Autor in anderen Werken bloss zu wiederholen scheint. Um einen vielleicht etwas weit hergeholten Vergleich zu wagen: Wer ausser fachkundigen Hispanisten kennt etwas Anderes von Cervantes als seinen *Don Quichotte* (der auch aus zwei Teilen besteht und dem eine ebenso abenteuerliche Editionsgeschichte rund um eine apokryphe Fortsetzung beschieden war)? Nun wollen wir uns aber nicht in der kargen Ebene der Mancha verlieren, sondern flugs in die Berge zurückkehren ...

Wer unter denen, die Spyri überhaupt kennen, hat andere Bücher von dieser Autorin gelesen als ihr *Heidi* und deren mehr oder weniger fantasievolle Fortsetzungen? Und doch lohnt es sich, diese Bücher aufzuschlagen, die – auch wenn sie nicht den Erfolg des genialen Bestsellers hatten – uns viel über ihre Autorin sagen und interessante Vergleiche erlauben.

Einer dieser wunderbaren Romane ist *Heimatlos* von 1878, bei dem wir ein wenig verweilen wollen. Es handelt sich fast um eine Verpflanzung *Heidis* nach Italien. Die Hauptperson ist diesmal kein kleines Mädchen, sondern ein Knabe namens Rico, Sohn eines italienischen Einwanderers und einer Bündnerin, nach kurzer Zeit aber Waise wie Heidi (und viele andere Figuren Spyris). Er verliert seine Mutter sehr früh und sein Vater stirbt bei einem Unfall auf einer Baustelle in der Schweiz (was beweist, dass unsere Autorin – entgegen den Behauptungen vieler ihrer Kritiker – durchaus ein soziales Bewusstsein hat).

Die Handlung ist zunächst im Engadin angesiedelt, in Sils-Maria, aber das Kind hat Heimweh nach dem Land, das es früher kannte – die Gegend um den Gardasee. Ein Heimweh in neuem Gewand: Sehnsucht nach dem sonnigen Süden mit seinem malvenfarbenen Horizont, seinem goldenen Licht und seinem milden Klima. Rico spricht von seiner italienischen Landschaft mit derselben Nostalgie wie Heidi in Frankfurt von den Schweizer Bergen:

> Die Berge stehen nicht so hoch und schwarz und so nah, nur weit drüben liegen sie ganz violett, und am Himmel und auf dem See ist alles golden und so still und warm; da tut der Wind nicht so, und die Füße hat man nicht so voll Schnee, da kann man immer am sonnigen Boden sitzen und zuschauen.[69]

Dieses Italien, das eine gewisse Lebenskunst ausstrahlt, hat Spyri, die in diesem Land auch viel gereist ist, stets geliebt. Sie beschreibt es mit folgenden Worten: «warm, hell, sonnig, kein Wind, kein Nebel, keine Kälte [...]. Italien ist ein Gott gesegnetes Land».[70]

*

Italien kommt auch in einer anderen Erzählung (die ebenfalls von Tritten wieder aufgenommen wurde), *Die Elfe von Intra* aus dem Jahr 1889, vor. Renzia, die Tochter eines ehemaligen Dieners, wird von einem Baron aufgenommen, der sie in seine schöne italienische Villa jenseits der Schweizer Alpen bringt. Italien macht sie wieder lebendig und gesund. Wie eine Fee tut Renzia rundum Gutes und unterstützt die Armen. Diesmal sind es nicht die Schweizer Alpen, sondern Italien, das die Rettung bringt!

*

Nach dem Tod seines Vaters beschliesst der neunjährige Rico, die Schweiz zu verlassen und einem ungastlichen Haus zu entfliehen, wo er von seiner Kusine misshandelt wurde. Sein Ziel ist der Süden, der auf der anderen Seite der Berge lockt. Wegen seines Talents als Musiker – wir müssen an Spyris Sohn denken – ist er überall gefragt und geschätzt, so dass er genug Geld verdient, um die Reise bezahlen zu können.

Er kommt an den Gardasee und findet die Orte seiner frühen Kindheit wieder. Bilder der Vergangenheit werden wach und überstürzen sich – ein geradezu proustischer Augenblick der unwillkürlichen Erinnerungen, der etwas ausführlicher zitiert zu werden verdient:

> Nun machte der Weg eine Wendung, und Rico stand da wie im Traum und rührte sich nicht mehr. Vor ihm lag funkelnd im hellen Sonnenschein der himmelblaue See mit den warmen, stillen Ufern, und drüben kamen die Berge gegeneinander, in der Mitte lag die sonnige Bucht, und die freundlichen Häuser daran schimmerten herüber. Das kannte Rico, das hatte er gesehen, da hatte er gestanden, gerade da, diese Bäume kannte er. Wo war das Häuschen? Da mußte es stehen, ganz nah; es war nicht mehr da. Aber da unten war die alte Straße, oh, die kannte er so gut, und dort schimmerten die großen, roten Blumen aus den grünen Blättern; da mußte auch eine schmale, steinerne Brücke sein, dort über den Ausfluß vom See, dort war er so oft hinübergegangen; man konnte sie nicht sehen. Plötzlich rannte Rico, von brennendem Verlangen getrieben, hinauf auf die Straße und hinüber, da war die kleine Brücke – er wußte alles – da war er darübergegangen, und jemand hielt ihn an der Hand – die Mutter. Mit einem Male kam das Gesicht der Mutter ganz klar vor seine Augen, wie er es nie mehr gesehen hatte, viele Jahre; da hatte sie neben ihm gestanden und ihn angeschaut mit den liebevollen Augen. (S. 87–88)

Heidi kennt diese Art der Erinnerung oder, um mit Proust zu sprechen, der ‹Auferstehung› nicht. Für sie, die als Einjährige ihre Mutter verloren hat, wäre es zweifellos schwierig, derartige Reisen in die Vergangenheit zu unternehmen. Es war, wie wir gesehen haben, Tritten, der ihr unterstellt, der Mutterliebe zu entbehren. Die Sehnsucht nach den Bergen, die in Frankfurt in ihrem Schlafwandeln einen vehementen Ausdruck findet, fasst Heidis Liebesbedürfnis in ein prägnantes Bild: denn die Berge stehen nicht nur für einen Ort, sondern auch für seine geliebten Bewohner, wie den Alm-Öhi und Peters Grossmutter. Und Heidis Wunsch kann durchaus Realität werden, denn alles, wovon Heidi träumt, existiert wirklich.

Dies trifft auf Rico nicht zu. Er ist gezwungen, alles über sein Gedächtnis und seine Emotionen zu rekonstruieren, und er muss sich auch ein neues Leben aufbauen.

Rico, der von einer Herbergswirtin als Musiker und Diener angestellt wird, lernt eine weitere wichtige Person kennen: Madame

Menotti, deren Sohn Silvio schwer behindert ist. Menschen mit Behinderung gehören bei Spyri schon fast obligatorisch zu den Romanfiguren. Silvio ist nicht so sympathisch wie die sanfte Klara aus Frankfurt; er ist ein anspruchsvoller und sehr launischer Junge, der niemals allein gelassen sein will. Er ist so an Rico und seine Geige gewöhnt, dass er nicht bereit ist, ihn ziehen zu lassen. Als ihm Rico von seiner Kindheitsfreundin Stineli erzählt (eine Art Heidi-Klon, immer fröhlich, quirlig, altklug, tüchtig im Haushalt), verlangt Silvio, dass man sie ihm sogleich herbeischaffe. Zur Freude aller organisiert der Pfarrer Ricos Reise in die Schweiz, um das dringend begehrte Stineli herzuholen.

Frau Menotti wird aber von Gewissensbissen geplagt. Sie erzählt Stineli, dass ein Freund ihres Gatten ihr während seiner Abwesenheit sein Haus anvertraut habe, danach aber nie mehr aufgetaucht sei. Herr Menotti habe später das Haus samt Grundstück verkauft, als die Eisenbahnlinie gebaut wurde.

Diese Transaktion, die einen beträchtlichen Gewinn abwarf, erklärt die beneidenswerte Lage der Familie Menotti und ist der Grund, weshalb sie sich ein so prächtiges Haus bauen konnten. Nach dem Tod ihres Gatten blieb Frau Menotti allein mit ihrem behinderten Sohn, dessen Invalidität sie als Strafe für ihren unverdienten Reichtum betrachtete. Im Gespräch mit Rico geht ihr plötzlich auf, dass der Freund ihres Gatten niemand anders als Ricos Vater ist.

Der technische Fortschritt, der in Spyris Romanen nur selten in Erscheinung tritt, hat demnach das Haus des kleinen Waisen zerstört und damit auch die Spuren seiner Vergangenheit verwischt.

Doch jetzt klärt sich alles und alles wird verziehen: Rico wird zum Besitzer des Hauses erklärt, da die Menottis es mit dem Geld erworben haben, das aus dem Verkauf des Gutes von Ricos Vater stammte. Rico gestattet Frau Menotti, die für Ihn wie eine Mutter geworden ist, hier wohnen zu bleiben, und heiratet selbstverständlich Stineli – nicht ohne Gott für all diese Wunder und Wohltaten zu danken. Eine unvorhersehbare Wendung der Dinge, die einer Komödie von Molière durchaus würdig wäre!

Rico ist eine besonders rührende und gut gelungene Figur Spyris. Er ist der Prototyp des romantischen Kindes: gleichzeitig unglücklich (Waise), Opfer und Märtyrer (er wird misshandelt), engelhaft (er ist gütig und mitfühlend), tüchtig (er findet seinen Weg, verdient seinen Lebensunterhalt wie ein Erwachsener) und schliesslich gerettetes Kind, das sich eine Familie schafft und das Glück und die Liebe findet.

Was an diesem Buch überrascht, ist die Tatsache, dass das Bild der Schweiz praktisch umgekehrt wird. Zwar beschreibt Spyri darin schöne Schweizer Berglandschaften, aber die wahre Schönheit liegt dieses Mal in Italien. Die Italiener werden als sympathische Menschen beschrieben, die gerne trinken und singen (etwas lärmig sind sie schon, ihr ‹Krakeel› erschöpft Rico, der am Ende doch etwas verschweizert ist ...), während die Schweizer von eben diesen Italienern als «schreckliches Volk» (S. 77), roh und «wild» (S. 74) geschildert werden. Man fürchtet sogar, Rico in diese abgelegenen, mit dunklen Tannen bestandenen und kaum bewohnten Täler zu schicken!

Wurde hier *Heidi* völlig auf den Kopf gestellt? Nicht wirklich: Es ist alles eine Frage des Standpunkts. Wir erinnern uns z.B. daran, dass Heidi in Fräulein Rottenmeiers Augen nichts als eine unzivilisierte Wilde war.

Stineli vermag dieses negative Bild aufgrund seiner sehr schweizerischen und spyrischen Tugenden der Hingabe, des Mitgefühls und der Reinlichkeit wieder wettzumachen; dazu gehört auch die Pädagogik, denn Stineli weiss, wie sie mit Kindern, und insbesondere mit Silvio, sprechen muss. Diese Tugenden werden noch von einer weiteren Person verkörpert: der Grossmutter – wie immer bei Spyri mit hohem Symbolwert –, eine sehr gütige und sehr fromme Frau, die in Sils geblieben ist und die Kinder regelmässig dazu ermahnt, zu beten und sich auf die göttliche Gnade zu verlassen. Schliesslich übernimmt Stineli diese Aufgabe und am Ende des Buches werden, wie so oft bei Spyri, die göttlichen Wohltaten gepriesen und zum Gebet aufgerufen.

Was das umgekehrte, beunruhigende Bild der Schweiz betrifft, könnte man eine weitere (ebenfalls von Tritten wiederverwendete) Erzählung erwähnen: *In Hinterwald* aus dem Band *Aus den Schweizer Bergen*. Das titelgebende Dorf ist ein absolut finsterer Bergweiler, dessen Einwohner schmutzig sind und zerlumpt einhergehen und wo aufsässige Schüler in ‹Einzelhaft› gesperrt werden! Das Gegenteil des schönen Dekors also, das Gegenbild zum Alpenparadies!

Man darf nicht vergessen, dass die Schweiz, bevor sie idealisiert wurde, als barbarisches und gefährliches Land galt, das von Wilden bevölkert war, von Werwölfen und geflügelten Drachen, wie das folgende Zitat aus *Über das Interessanteste der Schweiz* (1730) des Berner Pfarrers Johann Georg Altmann deutlich zeigt. Ausgehend von dieser erschreckenden Beschreibung einer Schweiz, wie sie im Ausland wahrgenommen wurde, versucht Altmann sein Land zu verteidigen:

> Der Ausländer [...] kennt unser Vaterland, entweder gar nicht, oder, wenn er ja von demselben etwas gehört hat, so kennt er es aus den frostigen und hirnlosen Erzählungen seiner Landsleute. Er hält es für eine öde Wüsteney, wo Wölfe und Bären wohnen; – wo man die Sonne nur durch eine Öfnung erblickt, – für ein Land, wo sich ein ungeheures Gebürge an das andre kette, – wo Felsen, – unfruchtbare steile Klippen, sich in den Wolken verlieren, – wo der Fuß an einen Abgrund nach dem andern schwindelt; für ein Land dessen Einwohner plumb und grobe Viehhirten, ganz unwissend und roh, – ungeschlachtig und von dem Wilden kaum der Gestalt nach verschieden wären, denen so gar der gesunde schlichte Menschenverstand fehle. [...] Noch in unsern Tagen wird es Mühe kosten, manchem Franzosen den Irrthum zu benehmen, daß die Schweizer, Mensch und Thier zugleich wären, – daß viele von ihnen Hörner – und Ziegenfüsse hätten, – daß sie mit dem Raubthier Wälder und Gebüsch durchstrichen, sich mit ihnen vermischten, – und sich mit Wurzeln und Graß ernährten.[71]

Es ist anzunehmen, dass Spyri diese Klischees und Legenden aufgriff, um mit ihnen zu spielen und uns neue Facetten und andere Gesichtspunkte zu zeigen.

Ein echtes Beispiel eines *Heidi* unter ‹umgekehrten Vorzeichen› finden wir dagegen in *Der Toni von Kandergrund* (in *Kurze Geschichten* von 1892). Hier sehen wir den kleinen Toni, der auf der Alm Kühe hüten muss, um seinen Lebensunterhalt zu verdienen. Der Berg terrorisiert ihn jedoch und macht ihn krank!

> Dann schauten die hohen Berge so schwarz und drohend aus, als könnten sie ihm auf einmal etwas anthun. [...] Auf einmal ertönten furchtbare Donnerschläge, die krachend von den Bergen wiederhallten, als wären es doppelt so viele [...] Zuckende Blitze erhellten schwarze, schreckliche Reisengestalten [sic], die ganz gespenstisch näher zu kommen schienen und immer drohender herunterschauten.[72]

In der Folge erleidet Toni eine Lähmung, verstummt und muss in eine Spezialklinik in Bern verbracht werden.

Die Geschichte von Toni mag überraschen, wenn man bedenkt, dass Spyri als Autorin von *Heidi* die Berge geradezu zum Universalheilmittel erhebt. Der scheinbare Widerspruch zwischen diesen beiden Erzählungen lässt sich auf verschiedene Weise erklären. Was das Literarische betrifft, liefert Johanna Spyri damit lediglich den Beweis, dass sie als Schriftstellerin, die diesen Namen verdient, die Fähigkeit besitzt, andere Perspektiven einzubringen und sie entsprechend den jeweiligen Charakteren oder beabsichtigten Wirkungen zu variieren. Im Weiteren ist im Schicksal Tonis wohl auch eine Anspielung auf das damals verbreitete Bild jener beunruhigenden, wilden Schweiz zu sehen, das Altmann so prägnant beschrieben hat. Auf einer persönlicheren Ebene bietet uns Spyri hier einen Ausdruck ihrer leidenden Seele, die sich in den zerklüfteten Landschaften – einem Lieblingssujet der Romantiker – widerspiegelt. Und da die Natur nach dem Ebenbild Gottes geschaffen ist, ist sie natürlich allmächtig und manchmal zornig, und gebietet Ehrfurcht und Unterwerfung.

Ziemlich atypisch ist auch der drei Jahre nach dem zweiten *Heidi*-Band verfasste Mädchenroman *Sina* (1884). Wenn sich hier auch die meisten Themen und Obsessionen Spyris wiederfinden, so ist die Heldin diesmal eine junge Frau, die sich zu Beginn als sehr unabhängige und ehrgeizige Persönlichkeit präsentiert. Sie möchte Medizin studieren und erklärt, dass sie niemals heiraten werde. Ihrer Grossmutter, die davor warnt, dass es in ihrem Haushalt «drunter und drüber» gehen werde, entgegnet sie:

> Das begehre ich ja gar nicht, mir ein eigenes Haus zu gründen; das ist nichts für mich, Großmutter! [...] In der ganzen Geschichte mit Wilhelm habe ich erfahren, daß ich mich nie, nie so binden und an einen Menschen ketten lassen könnte. Ich wünsche und hoffe viel Schöneres für mein Leben. (S. 34–35)

Endlich einmal eine Romanfigur Spyris, die emanzipiert ist – fast schon eine Feministin! Camille Vidart wäre stolz auf sie gewesen. Aber immer sachte. Auf der Universität verliebt sie sich in einen ihrer Professoren, Doktor Clementi, einen klugen Menschen mit einem mitfühlenden Herzen. Nach einigen überraschenden Wendungen und einem grossen Zufall hält er um ihre Hand an, was bedeutet, dass Sina ihr Studium abbrechen muss.

Es gibt in diesem Buch eine sehr aufschlussreiche Passage, in der Doktor Clementi und sein Neffe (der ebenfalls in Sina verliebt ist) über ihre gegenteiligen Auffassungen in Streit geraten: der junge Mann ist der Ansicht, dass eine Frau die Möglichkeit haben sollte, etwas anderes zu tun als einen Haushalt zu besorgen. Sein Onkel ergeht sich daraufhin in einer langen Tirade über die unersetzlichen, perfekten Qualitäten der Frau am häuslichen Herd. Wenn sie diese in einem medizinischen Beruf zur Entfaltung bringen wolle, müsse sie «Krankenwärterin», nicht Ärztin werden. «Warum sollte sie einen Beruf ergreifen, in dem ihr der Mann überlegen ist?» (S. 71), entgegnet er in arrogantem Ton seinem Neffen, der auch sein Rivale ist.

Somit wurde die auf dem Weg zur Befreiung befindliche Sina von der konservativsten Tradition, die man sich nur denken kann, eingeholt – weit entfernt von allen Emanzipationsträumen. *Tempi passati?* – nicht so sicher ... Kürzlich habe ich auf einem französischen Radiosender im Zusammenhang mit der Arbeitsüberlastung in den Krankenhäusern gehört, dass heute immer noch *alle* Mädchen davon träumten, nicht etwa Ärztin oder Juristin, sondern Primarlehrerin oder Krankenschwester zu werden. Die Journalistin enthielt sich eines Kommentars ...

Eine kurze Charakterisierung von Spyris Figuren und Erzählungen

Lassen Sie mich den Versuch unternehmen, ein Porträt des typischen Spyri-Romans und seiner Charaktere zu zeichnen. Ein Roman von Spyri beginnt fast immer mit der Beschreibung einer meist alpinen Landschaft. Nie versäumt es Spyri, die Schönheit einer Natur hervorzuheben, deren Aufgabe es ist, besänftigend und heilend auf die Menschen zu wirken (auch wenn sich diese mitunter von ihrer bedrohlichen Seite zeigt). Szenen, in denen Blumen und Früchte gepflückt werden und Tierbeschreibungen (vor allem von Ziegen) sind allgegenwärtig. Städtische Schauplätze sind selten; man fährt in der Regel durch die Städte, ohne dort richtig Halt zu machen; insofern bildet die Stadt Frankfurt in *Heidi* eine Ausnahme.

Wie in einem Film zoomt sich dann die Kamera langsam heran, so dass wir zuerst Häuser, dann ihre Bewohner erkennen können, meist sehr einfache oder sogar ärmliche Bauern. Hier ist die Welt in Gut und Böse geteilt. Die Guten arbeiten hart und verdienen ihr Brot ehrlich (ein sauberer und gut geführter Haushalt gilt als Kardinaltugend); die Bösen lassen sich gehen, sind bestechlich, eifersüchtig und jähzornig. Rasch fährt die Kamera auf die Kinder zu, die sich in der Regel in drei Gruppen aufteilen: solche, die stets fröhlich, energiegeladen und gesund sind – ausgesprochene Heidi-Prototypen – und andere, deren kränkliche Blässe auf einen baldigen Tod hindeutet. Und darüber hinaus gibt es Strolche und Lausebengel.

Sehr oft sind diese Kinder Waisen: die Mutter stirbt bald nach der Geburt, der Vater erliegt einem Arbeitsunfall. Es ist übrigens interessant zu sehen, dass laut Bettelheim viele Märchen mit dem Tod der Mutter oder des Vaters beginnen.[73] Hier fällt einem etwa die kleine Sophie der Comtesse de Ségur ein: «À quatre ans, elle avait perdu sa mère dans un naufrage; son père se remaria et mourut aussi peu de temps après».[74]

Was die Brüder angeht, so sind sie in vielen Fällen nach Amerika ausgewandert, was nicht selten der historischen Realität entsprach – wir denken nicht zuletzt an Spyris eigenen Bruder Jakob Christian, der nach Argentinien und Brasilien emigrierte (sicherlich aus politischen und wissenschaftlichen Gründen – er war Naturforscher – und nicht aus materieller Not!). Dies erklärt die Bedeutung der stets gutherzigen und sehr frommen Grossmütter bzw. von deren Stellvertreterinnen, die meist die Rolle der abwesenden Mütter übernehmen. Sie sind Hüterinnen der Überlieferung und insbesondere der religiösen Moral. Sie erinnern an die zentrale Bedeutung des Gebets und des Gottvertrauens mit der einfachen Botschaft: Gott weiss, was gut für uns ist (einschliesslich der auferlegten Prüfungen) und er greift im rechten Moment ein, wenn wir einen aufrichtigen Glauben bewahren.

Für diese Auffassung ist ein Gleichnis in der Erzählung *Wie es mit der Goldhalde gegangen ist* (1891, enthalten in Band 2 der *Volksschriften*) bezeichnend: Ein Engel bietet einem Unglücklichen an, sein Kreuz auszutauschen. Der Unglückliche probiert verschiedene ‹Modelle› aus, die ihm leichter oder komfortabler erscheinen, aber jedes Mal gibt es ein Problem – entweder die neuen Kreuze verletzen ihn oder stören ihn auf andere Weise. Schliesslich findet er eines, das passt: sein Eigenes, das er von Anfang an getragen hat – der Beweis, dass es das Richtige war!

Man kann sagen, dass Spyris Erzählungen wie Gleichnisse angelegt sind, mit einer Geschichte, die den Leser erbauen und ihm als moralisches Beispiel dienen soll. Dies erklärt auch die wichtige Rolle, die darin die Gottesdiener – in der Regel Pfarrer – spielen: sie hören zu, geben Ratschläge und Orientierungshilfen.

Es gibt kaum eine Erzählung Spyris, in der sie nicht mit einer ausgeprägten Sensibilität für die Benachteiligten auf die wichtige Rolle der Schule (sie ist 1874 schweizweit obligatorisch geworden) und der Kindererziehung überhaupt hinweisen würde. Es dauerte lange, bis sich die Literatur für die Benachteiligten zu interessieren begann, aber gerade in jenen Jahren entstanden in den literarischen Strömungen des Realismus und des Naturalismus verstörende Schilderungen der Abgeschobenen und Ausgegrenzten. Die durch die Industrialisierung entstandenen neuen gesellschaftlichen und wirtschaftlichen Realitäten weckten ein bisher nicht gekanntes Bewusstsein für soziale Probleme.

> Allmählich entwickelten sich neue Einstellungen bezüglich der Hygiene, der öffentlichen Gesundheit, der Verbrechensprävention und der Probleme der Armut überhaupt. Bei näherer Untersuchung der Missstände, erkannte man, dass diese ihre Wurzeln in der Kindheit der Armen hatten.

> Man wurde gewahr, dass es unzählige Waisen, Findelkinder und herumstreunende Jugendliche gab.[75]

> Wohl aus dem Widerspruch zwischen Ideal und Wirklichkeit entstand das Bild des Kindes, das selbst Opfer war und später eine Schar von Märtyrerkindern ins Leben rief, deren traurige Prozession durch die Seiten der damaligen *europäischen* Literatur zog.[76]

Die ‹Kindheit› ist ein Phänomen, das keine zweihundert Jahre alt ist. Rousseau ist sicher der grosse Vorläufer eines modernen Verständnisses der Kindheit, aber man sollte darüber das Werk Johann Heinrich Pestalozzis, der ebenfalls im 18. Jahrhundert gelebt hat, nicht vergessen. Pestalozzi war nicht nur ein grosser Pädagoge, der sich mit Leib und Seele für die Sache der benachteiligten Kinder einsetzte, sondern auch ein bedeutender Autor, der zahlreiche Aufsätze und einen vierteiligen Roman, *Lienhard und Gertrud* (1781/1787), verfasste, in dem er seine Theorie veranschaulichte.

Vor diesen könnte man allenfalls Rabelais und die Kindheit des Gargantua erwähnen (hier geht es allerdings um die Erziehung eines Prinzen) und vor allem den spanischen Pikaroroman. Dieser zeichnet humorvolle und zynische Porträts von Kindern oder vielmehr Jugendlichen, die sich, obwohl sie im Dienst skrupelloser Herren stehen, findig durchs Leben zu schlagen wissen. Aber nichts ist mit dem Interesse des 19. Jahrhunderts an der Kindheit vergleichbar. Spyri bedient ganz ohne Zweifel die Vorliebe jener Epoche für Erziehungsromane mit einem in vielen Fällen unglücklichen Kind als Protagonisten. Sie teilt also die Sensibilität ihrer Zeit für die Lebensbedingungen dieser Kinder. Der Beispiele sind Legion, denken wir nur an David Copperfield und Oliver Twist bei Charles Dickens; an Gavroche und Cosette in *Les Misérables* von Victor Hugo; an Pierrette bei Balzac, jenes kleine Waisenmädchen, das von seinen Adoptiveltern, den Rogron, gequält wurde; an Rémi in *Sans famille* von Hector Malot, das Findelkind, das an einen fahrenden Musiker verkauft wurde, und im deutschsprachigen Bereich an *Das Gemeindekind* von Marie von Ebner-Eschenbach, das mährische Bauernkind, das für die Verbrechen seines Vaters büssen muss. Die Liste liesse sich fortsetzen.

Ein Gespräch über Erziehung schliesst immer auch das Thema der schlechten Erziehung ein. Viele Kinder in Spyris Erzählungen werden geschlagen, misshandelt oder strengen, autoritären und lieblosen Erziehungsmethoden ausgesetzt, so dass wir uns unweigerlich an die kleinen Helden der eben erwähnten Romane erinnern.

Sophie, die Heldin der Comtesse de Ségur ist ein besonders aussagekräftiges Beispiel. Das privilegierte, unfolgsame Kind verhält sich – aus Ignoranz oder Neugierde – äusserst grausam gegenüber Tieren; in dieser Beziehung ist sie ein Anti-Heidi, denn das Bergkind beschützt die Tiere. Als sich ihr Vater jedoch wieder verheiratet, wechselt Sophie in das Lager der gemarterten Kinder, denn sie wird von ihrer fürchterlichen und grausamen Stiefmutter misshandelt.[77]

Der Fall ihrer Heldin in *Cornelli wird erzogen* (1890) ist exemplarisch für Spyris Kinderfiguren. Cornelli, die Tochter eines Metallfabrikdirektors – eine Art Heidi aus einer wohlhabenderen Gesellschaftsschicht – wird als «Wilde» ausgegrenzt. Während der Abwesenheit ihres Vaters nehmen sich Cornellis Kusine und eine Freundin der Familie (zwei Sadistinnen, die direkt einem viktorianischen Roman entsprungen sein könnten) des Mädchens an. Nun lassen sie dem Mädchen keine Ruhe mehr und plagen es, wo sie können: Cornelli wird alles verboten; man verweigert ihr alles, was sie mag; sie wird beleidigt; es wird ihr die Schuld für alles Mögliche in die Schuhe geschoben; sie wird gedemütigt, indem man ihr ins Gesicht sagt, wie hässlich sie sei. Mit einem Mal wird das einst fröhliche und spontane Mädchen vollkommen verbittert.

Manchmal werden die Kinder in Spyris Werken durch eine Adoption gerettet (wie im Fall von Heidi), manchmal aber auch nicht. Oft sehen wir, wie in ihren Erzählungen sehr kleine Kinder für unbarmherzige Eltern oder Herren wie Sklaven schuften müssen. Hier kommen einem nochmals Hugos Cosette in den Sinn, die bei den Thénardier ‹zum Mädchen für alles› wurde, oder all die kleinen Kinder, die damals ab dem Alter von vier Jahren rücksichtslos in eine Lehre geschickt wurden.

Sollte man darin ein soziales oder politisches Engagement der Autorin sehen? Wenn man weiss, wie entschieden sich Dickens, Hugo oder Zola in dieser Sache einsetzten, erscheint das Engagement vieler anderer Schriftsteller weitgehend literarischer Art gewesen zu sein: Marie von Ebner-Eschenbach etwa, die die soziale

Ungerechtigkeit und deren Auswirkungen auf die Psyche der einfachen Menschen scharf verurteilt, weiss dagegen nur ein Rezept, das auch ganz im Sinne Spyris ist: die christliche Nächstenliebe.

Die Figur Spyris, die sich am stärksten politisch engagiert, ist zweifellos Tobi in *Wie es mit der Goldhalde gegangen ist*. Tobi lehnt sich gegen die soziale Ungerechtigkeit auf: «Ist es etwa gerecht, daß die einen haben, was sie nicht einmal brauchen, und andere Hungers sterben?» (S. 141), ruft er aus wie ein echter Gewerkschafter, wenn er über die Versammlungen mit seinen ‹Genossen› und seine Absicht, den Staat in die Knie zu zwingen, spricht. Sein revolutionäres Feuer wird durch den Fatalismus von Rose gedämpft, einer jungen ausgebeuteten Bäuerin, in die er verliebt ist und die ihm eine sehr christliche Predigt über die Ergebenheit in Gott und das Vertrauen in seine Stärke hält.

Diese Haltung wird von Kritikern nicht selten als sentimental und idealistisch abgetan. Das ändert freilich nichts an der Tatsache, dass manchmal literarische Texte unser Gewissen wirksamer aufzurütteln vermögen als reine Tatsachenberichte. Es ist schwierig, Hugo, Zola oder Dickens zu lesen, ohne empört zu sein über die Art und Weise, wie die Kinder in ihren Erzählungen behandelt werden. Und wie könnten einen die Kinder in Spyris Erzählungen nicht rühren? Indem sie Ungerechtigkeit und Schrecken darstellen, bewirken Kunstwerke manchmal mehr als die unmittelbare Konfrontation mit der Wirklichkeit. Wer hätte die Lösung von Konflikten mit Waffengewalt je überzeugender angeprangert als Picasso mit seinem *Guernica*-Bild und Goya mit seinen *Schrecken des Krieges*?

Aber man hat es sicher bereits verstanden: Spyri ist natürlich weder eine Linke noch eine militante Feministin. Fest steht dagegen, dass sie die Würde menschlicher Wesen, seien diese jung oder alt, mit Entschiedenheit verteidigt. Was die Frauen betrifft, so hat es wohl kaum jemand besser als Spyri verstanden, ihre Energie und ihre Opferbereitschaft so eindrücklich zu schildern. Denn die Frauengestalten in ihren Erzählungen bleiben von Misshandlungen ebenso wenig verschont wie ihre kleinen Helden.

Dies trifft auch auf Vrony zu, die Titelfigur ihrer allerersten Erzählung *Ein Blatt auf Vrony's Grab* (1871, lediglich unterzeichnet mit «von J.S.»). Vrony wird von ihrem alkoholkranken Mann schwer misshandelt und er zwingt sie zur Arbeit, um sein Laster finanzieren zu können. Der Pfarrer rät ihr lediglich, etwas häufiger in der Bibel zu lesen, und am Ende stirbt die Frau an den Folgen der Misshandlungen.

Daneben gibt es die jungen Mädchen, die nach dem Vorbild Aschenputtels vom Albtraum der Misshandlung zum Traum der Prinzenhochzeit voranschreiten, wie dies in ähnlicher Weise die Figur der Renzia in *Die Elfe von Intra* erlebt, wenn ein Baron sie durch eine Adoption aus ihrem Elend befreit.

Wenn Spyri auch ganze Erzählungen der Beschreibung von menschlichem Unglück und Leid widmet, so hat sie doch immer eine Lösung anzubieten. Diese beruht in der Regel auf der christlichen Nächstenliebe, die sich für Spyri idealtypisch im Beruf der Krankenpflegerin verkörpert. Laut Spyri ist es diese Rolle, in der eine Frau alle Eigenschaften einer guten wohltätigen Christin und einer aufrechten, verantwortungsvollen Person in optimaler Weise entfalten kann. Alle diese Qualitäten findet man bei den Diakonissinnen vereint, in Schwesterngemeinschaften lebenden protestantischen Frauen, die ihr Leben sozialen und karitativen Aufgaben wie Krankenpflege, Gefangenenbesuche etc. widmen. Es ist sicher kein Zufall, dass Spyri ihre ersten vier Erzählungen für diese Frauen schrieb.

Ein weiterer Charaktertyp in Spyris Erzählungen verdient besondere Aufmerksamkeit: die Einfältigen und die ‹Dorftrottel›. Sie kommen bei unserer Autorin ebenfalls häufig vor, haben aber unterschiedliche Schicksale. Der verschüchterte und nahezu stumme This in der Erzählung *Vom This, der doch etwas wird* (1886) ist der Prügelknabe seiner Adoptivfamilie. Unter dem wohlwollenden Blick eines benachbarten Bauern erfährt er aber eine Verwandlung wie das hässliche Entlein in Andersens gleichnamigem Märchen. In *Eveli* wird Beni, ein buckliger Schulfreund Evelis, von den Dorfleuten geplagt; sie berichtet ihm alles, was sie in der Schule gelernt hat und dank ihr blüht der Junge auf.

Das auffallendste Beispiel findet sich aber in *Wie Wiseli's Weg gefunden wird* (1878). Der Matten-Joggi, ein «armer Irrer», gerät fälschlicherweise in den Verdacht, Gewalttätigkeiten begangen zu haben. Die Beschreibung seines Verhaltens erinnert an einen klinischen Bericht: «So stand Joggi noch immer in einer Ecke, hielt seine Faust fest zugeklemmt und lachte halblaut» (S. 201); «Da hatte der Joggi angefangen furchtbar zu schreien und zu jammern, denn er glaubte, er werde geköpft» (S. 205); «Joggi stiess einen erschreckten Ton aus und krümmte sich noch enger zusammen in den Winkel hinein, wie in ein Loch» (S. 224). Spyri hatte offenbar die psychisch Kranken genau beobachtet, die ihr Vater in seiner Klinik auf dem Hirzel behandelte.

Gestützt auf die Untersuchungen von Philippe Ariès und Michel Foucault[78] erinnert Marina Bethlenfalvay an die Zusammenhänge zwischen Wahnsinn und Kindheit. Es ist leicht nachzuvollziehen, wie es bei Spyri zu dieser natürlichen und spontanen Komplizenschaft zwischen ‹Verrückten› und Kindern kommt. Da beide Gruppen oft verstossen und drangsaliert werden, erfahren sie mitunter das gleiche Schicksal. Im 19. Jahrhundert werden Geisteskranke in Irrenanstalten weggesperrt und Kinder in Schulen mit eiserner Disziplin gesteckt. Bis dahin waren die Angehörigen dieser beiden Gruppen von Individuen in die Gesellschaft integriert gewesen, ohne dass man in diesen «unvernünftigen Personen» eine Gefahr für die öffentliche Ordnung gesehen hätte.[79]

Wenn es jedoch um Kinderbücher geht, stellen sich Fragen. Sind Kinder wirklich reif genug, um Geschichten zu verstehen, in denen die tragischen Seiten des Lebens eine wichtige Rolle spielen? Könnten das obsessionsartig wiederkehrende Thema des Todes und die vielen Schilderungen von kranken oder im Sterben begriffenen Kindern und Erwachsenen die jungen Leser nicht abstossen? Man könnte es befürchten, sollte sich aber im Klaren sein, dass in Sagen und Märchen häufig vom Tod, vom Alter und von anderen schmerzlichen Realitäten des Lebens die Rede ist. Übrigens finden sich in diesem ‹Porträt› zahlreiche Merkmale des *romantischen Kindes* – Merkmale, die man auch in der ganzen Literatur des 19. Jahrhunderts von Hugo und Zola über Chateaubriand und Lamartine bis zu Dickens und vielen anderen Schriftstellern antrifft, die Kinder zeichnen, die entweder Märtyrer, Engel oder Überlebenskünstler sind und für die Spyris Rico in *Heimatlos* ein Prototyp darstellen könnte.

Obwohl die Werke dieser Schriftsteller oft zur Lektüre unserer Kinder gehören, werden sie von ihren Verfassern nicht als Kinderbücher bezeichnet, denn es geht ihnen vielmehr darum, das soziale Gewissen ihrer erwachsenen Leserschaft wachzurütteln. Spyri nimmt diesbezüglich eine subtilere Position ein, wenn sie erklärt, dass sie ihre Geschichten «für Kinder und solche, die Kinder lieb haben»[80] (S. 5) geschrieben habe.

Bei Spyri geht der Dolorismus dennoch ziemlich weit, wenn sie etwa in ihren Erzählungen Kinder auftreten lässt, die sich den Tod sehnlich herbeiwünschen. Feieli *(Am Felsensprung)* glaubt, den Wunsch ihres Bruders, Mechaniker zu werden, erfüllen zu können, wenn sie im Himmel ist; die kranke Nora *(Wo Gritlis Kinder hingekommen sind)* träumt davon, ins Paradies einzugehen, und möchte ihre Spielgefährtin Elsli am liebsten mitnehmen; und auch Cili *(Cromelin und Capella)* kennt nur einen Wunsch: zu ihrer verstorbenen Mutter, die ihr in einer prachtvollen alpinen Gletscherlandschaft erschienen ist, in die sie sich stürzt, um vor Freude und Erschöpfung zu sterben, in den Himmel zu kommen: «Von dem weiß leuchtenden Gipfel droben mußte man gleich in den Himmel eintreten können» (S. 207).

Auch dieser morbide Zug in Spyris Erzählungen haftet einem Gemeinplatz der literarischen Romantik an: dem des *sterbenden Kindes*. Besonders eindrückliche Beispiele finden sich etwa bei der Lyrikerin Marceline Desbordes-Valmore:

> Innocence! innocence! éternité rêvée!
> Au bout des temps de pleurs serez-vous retrouvée?
> Êtes-vous ma maison que je ne peux rouvrir?
> Ma mère! est-ce la mort?... Je voudrais bien mourir![81]

Marina Bethlenfalvay hat zahlreiche ähnliche Beispiele in der Literatur des 19. Jahrhunderts gefunden:

> Das ‹romantische Kind› könnte man als Kind definieren, das jung stirbt. Es ist ein charakteristischer Wesenszug der Kindheit, nicht von dieser Welt zu sein.
>
> In zahlreichen Gedichten kommt die Überzeugung zum Ausdruck, dass das Glück der Kindheit erst nach dem Tod im ewigen Leben, wiedergefunden wird, denn die besondere Gnade des Kindes war nichts anderes als der letzte Widerschein dieser transzendenten Welt, welche die Seele bei der Geburt verliess.[82]

Dieser Topos scheint dem, was man als Spyris depressive Seite bezeichnen könnte, sehr zu entsprechen. Die morbide Obsession in ihren Erzählungen widerspiegelt allerdings auch eine gesellschaftliche Realität. In jenen Tagen war die Sterblichkeit insbesondere bei Kleinkindern und vor allem bei Müttern und Kindern während der Geburt wesentlich höher als heute, und wenn sich damals Persönlichkeiten wie Pestalozzi so intensiv um Waisenkinder bemühten, ist dies kein Zufall.

Ein weiterer Aspekt, verbunden mit einer weiteren Hypothese: Sind Spyris Kinderfiguren etwa – gewiss nicht sehr fröhliche! – papierene, literarische Schöpfungen, um, wie sie es ironisch nannte, ihre ‹Kalendergeschichten› damit auszustaffieren? Man kann es nicht ausschliessen. Denn obwohl Kinder das Rückgrat ihres ganzen Werkes bilden, scheinen sie eigenartigerweise keine wesentliche Rolle in ihrem eigenen Leben gespielt zu haben. Laut Zeugnissen soll sie sogar ein relativ beschränktes Interesse an Kindern gehabt haben. Sie könnte also ihre imaginären Kinder durchaus vorgezogen haben.

Die Literatur erlaubt manchmal kuriose Widersprüche: Schiller, der das Drama von *Wilhelm Tell* verfasste, hatte nie auch nur einen Fuss in die Schweiz gesetzt; Rimbaud brauchte kein Meer zu sehen, um sein *Bateau ivre* zu schreiben.

Muss man somit *unbedingt* Kinder lieben, um diese mit Zärtlichkeit und Feingefühl beschreiben zu können? In seinem Buch über den Schöpfer der *Tim-und-Struppi*-Comics behauptet Pierre Assouline, dass Hergé Kinder schlecht ertragen konnte.[83] Und was soll man erst zu Rousseau sagen, der, obwohl er selber ein Waisenkind gewesen war und sich so wortreich für Pädagogik, Bildung und soziale Gerechtigkeit engagierte, nicht zögerte, seine fünf Sprösslinge in ein Heim für Findelkinder abzuschieben?

*

Eines wird klar, wenn man die übrigen Werke von Johanna Spyri untersucht: keines davon erreicht die Vollkommenheit von *Heidi*. Dieser Roman trägt beinahe alle Züge der übrigen Werke, ohne aber in deren Fallen zu tappen. Der morbide Charakter fehlt: Klara ist zwar gehbehindert und geschwächt, aber sie stirbt nicht; ganz im Gegenteil: sie lernt wieder zu gehen und blüht auf. Die Bauern, obwohl einfache Leute, besitzen Würde und leben weder im Schmutz noch sind sie zerlumpt. Peter ist zweifellos etwas einfältig, aber er hat Charakter und weiss sich zu verteidigen. Der grosse Erfolg des Romans beruht sicherlich nicht zuletzt auf dem Kontrast in der Darstellung der Stadt und der Welt der Berge – andere Erzählungen Spyris, die ohne diesen Kontrast auskommen müssen, vermögen keine solche Wirkung zu erzeugen. Was dagegen allen Werken gemeinsam ist, ist der moralische Ton und Anspruch der Erzählungen, die, stets begleitet von Kirchenliedern und Gebeten, deutlich die christliche Botschaft des Mitgefühls und des Wohlverhaltens transportieren sollen – sie sind allesamt ‹erbauliche Gleichnisse›. Auch wenn wir heute diesen Aspekt etwas weniger schätzen, so bleibt der Roman *Heidi* doch weitgehend frei vom Pathos anderer Werke der Autorin. Auch kann man nicht von vielen anderen Kinderfiguren in Spyris Werken sagen, was auf Heidi unbedingt zutrifft: sie regt die Menschen zum Träumen an, ihre Energie und ihre Freude sind ansteckend.

Schluss

Als ich diese Untersuchung in Angriff nahm, wusste ich nicht genau, wohin sie mich führen würde. Würde ich versinken im Schnee des Dörfli, im Angesicht eines glücklich lächelnden kleinen Mädchens, das mir obendrein eine Moralpredigt hält? Was ich entdeckte, war, trotz einiger veralteter Aspekte, die *Modernität* dieses Romans. *Heidi* vermittelt Ideen, die viele Menschen auch heute teilen: die Rückkehr zur Natur und zur Authentizität – im Grunde Werte, die heute unter den Begriff des ökologischen Bewusstseins gefasst werden. Dies erklärt, warum die meisten, mit denen ich über mein Vorhaben gesprochen habe, sich überhaupt nicht darüber mokierten, sondern begeistert waren und, von ihren Kindheitserinnerungen in einen Zustand glücklicher Nostalgie versetzt, fast ins Träumen gerieten. Zweifellos findet sich in *Heidi* aber auch der oft kritisierte typisch schweizerische ‹identitäre Rückzug›. Durch die Alm wird er gleichsam perfekt illustriert: sie stellt das verlorene und wiedergefundene Paradies unserer Vorfahren dar, fernab der ‹Laster› und der Verschmutzung unserer Städte und der modernen Zivilisation. Solche Träume vom Paradies braucht es offenbar.

Die Albert-Anker-Ausstellung des Kunstmuseums Bern, die im Frühjahr und Sommer 2010 stattfand, war ein fulminanter Publikumserfolg. Ankers Botschaft ist derjenigen Spyris ziemlich ähnlich, denn wie unsere Autorin weckt dieser Maler eine anti-modernistische und daher konservative Nostalgie, die den Menschen gut zu tun scheint und ihnen Geborgenheit zu geben vermag. Beide scheinen ein von vielen Schweizern geteiltes Heimweh nach einer idealen – oder idealisierten – Schweiz, die die Kalender schmückt und die Herzen wärmt, anzusprechen.

Was mich bei meiner erneuten Lektüre von *Heidi* vielleicht am meisten beeindruckte, war der Kontrast zwischen der Zerbrechlichkeit dieses Mädchens, das nach der Trennung von ihrer Alpenwelt unterzugehen droht (eine Zerbrechlichkeit, die es mit der Autorin teilt), und ihrer ansteckenden Lebensfreude und positiven Einstellung. Dieser fundamentale Gegensatz wird in jeder einzelnen Erzählung Spyris thematisiert. Wie wir gesehen haben, besteht für Spyri die Lösung dieses Konflikts im festen Glauben an Gott: den

Gott des Pietismus, der nur darauf wartet, dass man sich in allen Lebenslagen an ihn wendet und der allein und nach seinem Willen entscheidet, wann der richtige Moment gekommen ist, in das Schicksal der Menschen einzugreifen.

Natürlich muss man diese Weltsicht nicht teilen und es liegt auf der Hand, dass der Katechismuscharakter von Spyris Romanen irritieren und Ablehnung provozieren kann. Will man Spyri trotzdem lesen und vor allem angemessen würdigen, hat man im Grunde keine andere Wahl als entweder ihre ‹Partei zu ergreifen› oder, wenn man es sich leicht machen will, sich im Falle von *Heidi* dafür zu entscheiden, eine ‹zensierte› Textausgabe zu lesen, die diesen Aspekt weglässt. Damit weist man jedoch eine grundlegende Botschaft Spyris zurück und riskiert, an ihrem Werk ‹vorbei› zu lesen. Das wäre ein wenig so, wie wenn sich jemand weigern würde, beim Lesen der Surrealisten zu träumen.

Paradoxerweise scheint der religiöse Aspekt jedoch für die Mehrheit der Leserinnen und Leser kein Hindernis oder Problem darzustellen. Entweder, weil er in einigen Ausgaben tatsächlich weggelassen wurde, weil man ihn nicht sehen wollte oder aber weil man ihn schlicht vergessen hat (letzteres scheint gemäss einer kleinen Umfrage in meinem Bekanntenkreis häufig der Fall zu sein). Das Bild, das wir von Heidi in Erinnerung behalten, ist das eines stets fröhlichen Mädchens, das auf der Alp herumhüpft – ‹Heidi im Wunderland› sozusagen – und nicht das einer kleinen Frömmlerin mit zum Gebet gefalteten Händen. Natürlich ist ihr Image auch so häufig wiederverwertet, umgestaltet und verfälscht worden, dass man vielleicht gar nicht mehr so genau weiss, welches man nun im Kopf behalten soll. Als ich einmal aus Neugier eine Rockerboutique betrat, entdeckte ich inmitten von Totenköpfen und anderen Gothic-Accessoires T-Shirts und Gürtel mit dem Gesichtchen unserer kleinen Heldin, deren Präsenz in dieser Umgebung für den Verkäufer mit den tätowierten Armen offenbar völlig selbstverständlich war.

Heidi wiederzulesen bedeutet auch eine Wiederbegegnung mit einem faszinierenden 19. Jahrhundert, das bereits über die Probleme der Industrialisierung nachdenkt, auf der Suche nach neuen Paradiesen ist, die im 18. Jahrhundert begonnene *Erfindung* der Berge weiterführt, sich um Kinder aus ärmlichen Verhältnissen und ihre Lebensbedingungen sorgt, sich über Bildung und Hygiene Gedanken macht, sich für die Psychiatrie und den Spiritismus begeistert und schliesslich kritische Fragen zu den Rechten der Frau aufwirft. Auch für die politische Schweiz ist diese Zeit ein historischer Wendepunkt: sie gründet den modernen Bundesstaat.

Die Touristen der Epoche der Aufklärung und später der Romantik durchstreiften die Schweizer Alpen mit Texten von Rousseau, Haller oder de Saussure als Reiseführer; heutige Schweizreisende dürften zweifellos mit einem der gängigen Paperback-Führer oder mit ein paar ausgedruckten Internetseiten unterwegs sein – und vielleicht mit einem diskret versteckten Exemplar des *Heidi*.

Heidi und seine Schöpferin sind stets Vorurteilen ausgesetzt, wie die folgenden Ausführungen von Hervé Dumont in seiner *Geschichte des Schweizer Films* deutlich zeigen:

> Spyri ist nicht Dickens, und ihre paradiesische Schweiz von 1880 ist ein reines Phantasieprodukt. Die schwindelerregenden Auflagen dieses Werks verraten indes grosse Gier nach Ausbruch in die «gesunde» Luft unserer (selbstverständlich mit städtischen Augen gesehenen) Alpen und viel vom Frustrationsgrad einer ganzen Zivilisation.[84]

Trotzdem habe ich den, in meinen Augen durchaus legitimen, Vergleich zwischen Spyri und Dickens gewagt. Den phänomenalen Erfolg des Romans mit der leidenschaftlich praktizierten Realitätsflucht und der tiefsitzendenden Frustration seiner Leser zu erklären, scheint mir nicht nur ein sehr hartes Urteil zu sein, sondern auch ein wenig überzeugendes und deutlich zu kurz gegriffenes. Wenn *Heidi* eine derartige Wirkung auf Generationen von grossen und kleinen Leserinnen und Lesern aus aller Welt entfalten konnte, dann weil diese Geschichte den Menschen etwas Wichtiges zu sagen hat.

Heidi steht für die Schweiz und die Welt gleichermassen. Tatsächlich wurde dieses Kind von der ganzen Welt adoptiert, wie wenn es etwas Grundlegendes im Menschen, das Bedürfnis nach Freiheit, Authentizität und Frische, eine Rückkehr zu den Ursprüngen, zur Kindheit, zur Natur offenlegen würde. Wenn sich so verschiedene Völker wie die Japaner und die Amerikaner in Heidi wiedererkennen, dann darum, weil dieses Mädchen eine universelle Persönlichkeit ist.

Und dennoch: In kaum einem der Bücher über die Schweiz, die ich für diese Untersuchung konsultieren konnte, fand ich einen Hinweis auf Johanna Spyri, als ob es diese Frau nicht verdiente, in intellektuellen Kreisen erwähnt zu werden. Ebenso wenig Erfolg hatte ich bei meiner Spurensuche in Werken über die Literatur der Romantik im 19. Jahrhundert. Ist *Heidi* so schwer einzuordnen? Sucht man im Handbuch *Nouvelle histoire de la Suisse et des Suisses*[85] nach den Schriftstellern, die dieses Land im 19. Jahrhundert entscheidend geprägt haben, muss man feststellen, dass Johanna Spyri, die weltweit meistgelesene und meistübersetzte Autorin der Schweiz, in dieser ‹Hitparade› fehlt. Niemand gilt in seinem eigenen Land als Prophet. Vielleicht mussten sich die Schweizer erst vom internationalen Erfolg des Romans überzeugen lassen, dass Heidi eine ihrer Ikonen sein könnte.

Man hat sich hierzulande mehr für die *Heidimania* und die vom Roman inspirierten Filme interessiert als für das Buch und seine Autorin. Aber auch diesbezüglich findet Hervé Dumont keine Worte, die streng genug sind, um dieses Kultphänomen und seine Derivate zu tadeln:

> Wir wollen uns hier weder mit diesem unter die Auswüchse knautschrosafarbenen Heimatkults zu reihenden soziologischen Phänomen, noch mit der krassen Ignoranz aller sozialen und historischen Realitäten aufhalten, der es entsprang.[86]

Angesichts dieses unverdient harten Urteils wünsche ich mir, dass das vorliegende Buch – das die Absicht hat, den *Heidi*-Roman einfühlend, aber deswegen nicht weniger kritisch und unter Berücksichtigung der Forschung neu zu lesen – sein Ziel erreicht: nämlich Vorurteile wie das eben zitierte vergessen zu machen und dazu anzuregen, Spyris Roman mit dem Respekt zu lesen, der einer Autorin gebührt, die einen Mythos geschaffen hat: den eines kleinen Mädchens, das die Welt eroberte.

Bibliographie

Chronologisches Verzeichnis der Werke Johanna Spyris

In Klammern: im Band enthaltene Werke; kursiv: entsprechende französische Übersetzungen; E = für Erwachsene; JM = für junge Mädchen; K = für Kinder.

1871 Ein Blatt auf Vrony's Grab (E)
1872 Nach dem Vaterhause! (E)
1873 Aus früheren Tagen (E)
Ihrer Keines vergessen (E)
Verirrt und gefunden (E)
1878 Heimathlos (Am Silser- und am Gardasee; Wie Wiseli's Weg gefunden wird) = *Seuls au monde (En quête d'une patrie; Comment Wiseli trouva son chemin)* (K)
1879 Aus Nah und Fern (Der Mutter Lied; Peppino, fast eine Räubergeschichte) (K)
Verschollen, nicht vergessen (JM)
1880 Heidi's Lehr- und Wanderjahre = *Heidi* (K)
Im Rhonethal (JM)
Aus unserem Lande (Daheim und wieder draussen; Wie es in Waldhausen zugeht) (K)
1881 Am Sonntag = *Dimanche* (E)
Heidi kann brauchen, was es gelernt hat = *Encore Heidi* (K)
Ein Landaufenthalt von Onkel Titus (K)
1882 Kurze Geschichten (Beim Weiden-Joseph; Rosen-Resli; Der Toni von Kandergrund; In sicherer Hut; Und wer nur Gott zum Freunde hat, dem hilft er allerwegen!) = *Courts récits (Chez Joseph le vannier; Réseli aux roses; Toni de Kandergrund; Bien gardée; Les Petits Chanteurs de Nouvel An)* (K)
1883 Wo Gritlis Kinder hingekommen sind = *Les Enfants de Gritli (1)* (K)
1884 Gritlis Kinder kommen weiter = *Les Enfants de Gritli (2)* (K)
Zwei Volksschriften (Ein goldener Spruch; Wie einer dahin kam, wo er nicht hin wollte) (E)
Sina = *Sina* (JM)
1885 Aus dem Leben eines Advocaten (E)
1886 Kurze Geschichten (Moni der Geissbub; Was der Grossmutter Lehre bewirkt; Vom This, der doch etwas wird; Am Felsensprung; Was Sami mit den Vögeln singt) = *Nouveaux récits (Moni le chevrier; La Leçon de la Grand'mère* [oder *Une bonne leçon*]; *This le simple; Au saut du rocher)* (K)
1887 Was soll denn aus ihr werden? (JM)
1888 Arthur und Squirrel (K)

1889	Aus den Schweizer Bergen (In Hinterwald; Die Elfe von Intra; Vom fröhlichen Heribli) = *Dans les Alpes (À Hinterwald; La Fée d'Intra; Le Joyeux Héribli)* (K)
	Was aus ihr geworden ist (JM)
1890	Cornelli wird erzogen = *Kornelli* (K)
	Keines zu klein, Helfer zu sein (Allen zum Trost; Lauris Krankheit; Cromelin und Capella) = *Bons camarades (Eveli; La Maladie de Lauri; Cromelin et Capella)* (K)
1891	Volksschriften (In Leuchtensee; Wie es mit der Goldhalde gegangen ist = *Le Guéret d'or*) (E)
1892	Schloss Wildenstein = *Le Sourire de Heidi* (K)
1894	Einer vom Hause Lesa (K)
1901	Die Stauffer-Mühle (K)

Französische Übersetzung und Adaptionen von Werken Johanna Spyris (Auswahl)

Heidi, Bâle, Georg, o.J.

Heidi, années d'apprentissage et de voyage, Zurich, Silva, 1944.

Heidi: monts et merveilles et Heidi devant la vie, Paris, Écoles des loisirs, 1979.

Heidi, Paris, Gallimard – Jeunesse, chefs-d'œuvre universels, 1995.

Heidi, adaption de Peter Stamm, Genève, la joie de lire, 2009.

Heidi, Lectures de toujours, Paris, Gründ, 2011.

Encore Heidi, Bâle, Georg, o.J.

Les Enfants de Gritli, Bâle et Genève, Georg, o.J.

Les Enfants de Gritli, deuxième partie, Bâle et Genève, Georg, 1889.

Courts récits (Chez Joseph le vannier; Réseli aux roses; Toni de Kandergrund; Bastien et Franceline; Bien gardée), Bâle et Genève, Georg, 1890.

Nouveaux récits (Moni le chevrier; La Leçon de la Grand'mère; This le simple; Au saut du rocher), Bâle et Genève, Georg, 1891.

Aux champs (Le Guéret d'or; Dimanche), Bâle, Genève et Lyon, Georg, 1896.

Bons camarades (Eveli; Cromelin et Capella; La Maladie de Lauri), Bâle, Genève et Lyon, Georg, 1897.

Dans les Alpes (À Hinterwald; La Fée d'Intra; Le Joyeux Héribli), Bâle, Genève et Lyon, Georg, 1918.

Seuls au monde (En quête d'une patrie; Comment Wiseli trouva son chemin), Gotha, F. A. Perthes, o.J.

Moni, le petit pâtre de la montagne (enthält ausserdem: Une bonne leçon; Les Petits Chanteurs de Nouvel An), Strasbourg, Oberlin, 1948.

Sina, Lausanne, Spes, 1953.

Von Charles Tritten übersetzte und adaptierte Werke Spyris

Heidi, la merveilleuse histoire d'une fille de la montagne, Paris, Flammarion – Jeunesse, 1958.
Heidi grandit (avec une deuxième partie inédite de Tritten), Paris, Flammarion – Jeunesse, 1958.
Au pays de Heidi, Paris, Flammarion – Jeunesse, 1958.
Kornelli suivi de Chez Joseph le vannier et La Métamorphose de This, Paris, Flammarion, 1940.

Fortsetzungen des *Heidi*-Romans von Charles Tritten

Heidi jeune fille, Paris, Flammarion – Jeunesse, 1958.
Heidi et ses enfants, Paris, Flammarion – Jeunesse, 1958.

Fortsetzungen des *Heidi*-Romans von anderen Autoren

Réa, Heidi Grand'mère, Genève, Henri Studer, o.J.
Gara, Nathalie, Le Sourire de Heidi, Paris, Flammarion – Jeunesse, 1959.

Werke von Meta Heusser

Heusser-Schweizer, Meta, Gedichte, Basel, P. Kober C.S. Spittlers Nachfolger, 1898.
Heusser-Schweizer, Meta, Lieder einer Verborgenen, Leipzig, Otto Holtze, 1858.

Werke und Artikel über Johanna Spyri und Meta Heusser

Gros, Christophe, Heidi de Dörfli ou la Suissesse missionnaire de la pureté alpestre, in: Terres de femmes (ouvrage collectif), Itinéraires Amoudruz VI, Genève, Musée d'ethnographie, Annexe de Conches, 1989.
Halter, Ernst (Hg.), Heidi – Karrieren einer Figur, Zürich, Offizin, 2001.
Nières-Chevrel, Isabelle, Relire Heidi aujourd'hui, in: Strenae [en ligne] 2 (2011), mis en ligne le 21 juin 2011. URL: http://strenae.revues. org/266.
Schindler, Regine, Johanna Spyri, Spurensuche, Zürich, Pendo, 1997.
Schindler, Regine, Die Memorabilien der Meta Heusser-Schweizer (1797–1876), Zürich, NZZ Libro, 2007.
Schweizerisches Institut für Kinder- und Jugendmedien, Johanna Spyri und ihr Werk – Lesarten, Zürich, Chronos, 2004.

Stockar-Bridel, Denise von, Sophie et Heidi, miroir de leurs auteurs, in: Les Cahiers Robinson 9 (2001): La Comtesse de Ségur et ses alentours. Actes du colloque international La Comtesse de Ségur et les romancières de la Bibliothèque rose, septembre 1999, numéro dirigé par Isabelle Nières-Chevrel, Université d'Artois, p. 193–200.

Villain, Jean, Der erschriebene Himmel, Johanna Spyri und ihre Zeit, Zürich, Nagel & Kimche, 1997.

Winkler, Jürg, Johanna Spyri, Aus dem Leben der «Heidi»-Autorin, Zürich, Albert Müller, 1986.

Winkler, Jürg; Fröhlich, Roswitha, Johanna Spyri, Momente einer Biographie, Ein Dialog, Zürich, Arche, 1986.

Zeller, Hans; Zeller, Rosmarie (Hg.), Johanna Spyri – Conrad Ferdinand Meyer. Briefwechsel 1877–1897, Kilchberg, Mirio Romano 1977.

Weitere konsultierte Literatur

Adam, Jean-Michel; Heidmann, Ute, Le texte littéraire. Pour une approche interdisciplinaire, Louvain-La Neuve, Bruylant-Academia, 2009.

L'Alpe, Enfants des montagnes, n° 20, Grenoble, Éditions Glénat, juillet-septembre 2003.

Anthologie romande de la littérature alpestre, Lausanne, Bibliothèque romande, 1972.

Ariès, Philippe, L'Enfant et la Vie familiale sous l'Ancien Régime, Paris, Seuil, 1973.

Azam, Étienne Eugène, Hypnotisme, double conscience et altérations de la personnalité, Paris, L'Harmattan, 2004.

Bethlenfalway, Marina, Les Visages de l'enfant dans la littérature française du XIXe siècle. Esquisse d'une typologie, Genève, Droz, 1979.

Bettelheim, Bruno, Kinder brauchen Märchen, übers. von Liselotte Mickel und Brigitte Weitbrecht, München, dtv, 1990 (14. Aufl.).

Büttner, Peter, Das Ur-Heidi: eine Enthüllungsgeschichte. Mit der Erzählung ‹Adelaide, das Mädchen vom Alpengebirge› von Hermann Adam von Kamp, Berlin, Insel Verlag, 2011.

Cornuz, Michel, Le Protestantisme et la Mystique. Entre répulsion et fascination, Genève, Labor et Fides, 2003.

Dumont, Hervé, Geschichte des Schweizer Films: Spielfilme 1896–1965, Lausanne, Schweizer Filmarchiv, 1987.

Ferrari-Clément, Josiane, Du ménage à l'école, de l'école au ménage, in: Le Guide des femmes disparues, Genève, Metropolis, 1993, p. 79–97.

Foucault, Michel, Histoire de la folie à l'âge classique, Paris, Gallimard, 1972.

Freud, Sigmund, Psychologische Schriften, Studienausgabe Bd. 4, Frankfurt a.M., Fischer Taschenbuch, 1982.

Freud, Sigmund, Gesammelte Werke Bd. 7, hg. von Anna Freud et al., Frankfurt a.M., Fischer Taschenbuch, 1999.

Guinard, Mavis, Petit guide de la Suisse insolite, Genève, Metropolis, 2007.

Haller, Albrecht von, Die Alpen, in: Versuch Schweizerischer Gedichte, Bern, Herbert Lang, 1969 (Nachdruck der Ausgabe des Verlages Abram Vandenhoeks, Göttingen, 1762).

Handwerker Küchenhoff, Barbara, Lier, Doris, Stadt der Seelenkunde. Psychoanalyse in Zürich, Basel, Schwabe, 2012.

Heller, Geneviève, Propre en ordre. Habitation et vie domestique 1850–1930: l'exemple vaudois, Lausanne, Éditions d'En Bas, 1979.

Kamp, Hermann Adam von, Adelaide, das Mädchen vom Alpengebirge, Vättis, Offizin Parnassia, 2011.

Keller, Gottfried, Romeo und Julia auf dem Dorfe, Stuttgart, Reclam, 2002.

Kunstmuseum Bern, Albert Anker. Schöne Welt, Ausstellungskatalog (7. Mai – 5. September 2010), Bern, Stämpfli Verlag, 2010.

Langer-Würben, Bernd, Hiersein ist herrlich, Literaten zu Gast in Bad Ragaz-Pfäfers, Bad Ragaz, Buchdruck, 1982.

Mathieu, Jon; Boscani Leoni, Simona (Hg.), Die Alpen. Zur europäischen Wahrnehmungsgeschichte seit der Renaissance, Bern, Peter Lang, 2005.

Métraux, Guy S., Le Ranz des vaches. Du chant des bergers à l'hymne patriotique, Lausanne, Éditions 24 heures, 1984.

Pestalozzi, Johann Heinrich, Lienhard und Gertrud, in: Werke Bd. 1, München, Winkler, 1977.

Piaget, Jean, La Représentation du monde chez l'enfant, Paris, PUF, 2008.

Porter, Eleanor H., Pollyanna, ein Waisenkind in Amerika, übers. und bearb. von Freya Stephan-Kühn, Würzburg, Arena, 1885.

Reichler, Claude, Entdeckung einer Landschaft. Reisende, Schriftsteller, Künstler und ihre Alpen, aus dem Französischen von Rolf Schubert, Zürich, Rotpunkt Verlag, 2005.

Reichler, Claude; Ruffieux, Roland, Le Voyage en Suisse, Paris, Robert Laffont (Bouquins), 1998.

Robert, Marthe, Roman des origines et origines du roman, Paris, Gallimard, 1972.

Roudinesco, Élisabeth, Plon, Michel, Dictionnaire de la psychanalyse, Paris, Fayard 1997.

Rousseau, Jean-Jacques, Julie oder die neue Heloise. Briefe zweier Liebenden, aus dem Französischen von Felix Braun, Leipzig, Reclam, 1980.

Tersteegen, Gerhard, Vom Kinderwerden, in: ders.,Weg der Wahrheit, Solingen, Joh. Schmitz, 1768.

Vinet, Alexandre, Famille, éducation, instruction. Recueil d'articles, de discours et de fragments, publiés, d'après les éditions originales et les manuscrits, par Ph. Bridel, Lausanne, Payot, 1925.

Anmerkungen

1 Als löbliche Ausnahmen seien hier die in französischer Sprache verfassten Abhandlungen von Isabelle Nières-Chevrel, Denise von Stockar und Christophe Gros erwähnt.

2 Alle Zitate aus dem *Heidi*-Roman sind der Ausgabe *Heidis Lehr- und Wanderjahre; Heidi kann brauchen, was es gelernt hat*, München, Verlag Lentz o.J. (5. Aufl.) entnommen.

3 Dabei handelte es sich um eine Koproduktion von France 2 und dem Westschweizer Fernsehen TSR von 2007 mit Pierre-Antoine Hiroz und Anne Deluz.

4 1879 war Auguste Forel Leiter der Klinik; seine Schüler waren Eugen Bleuler, der 1898 Forels Nachfolge antrat und dessen Assistent C.G. Jung war, sowie der in der Schweiz gebürtige Adolf Meyer, der 1893 in die USA emigrierte, wo er zu hohem Ansehen gelangte. Vgl. auch *Dictionnaire de la psychanalyse*, hg. von Élisabeth Roudinesco und Michel Plon, Paris, Fayard 1997 sowie *Stadt der Seelenkunde. Psychoanalyse in Zürich*, hg. von Barbara Handwerker Küchenhoff und Doris Lier, Basel, Schwabe, 2012.

5 Wagner flüchtete nach Zürich, nachdem er 1849 am Dresdener Maiaufstand teilgenommen hatte und ein Haftbefehl gegen ihn erlassen worden war. Hier blieb er bis 1858 im Exil. Im Hotel Baur au Lac wurde erstmals öffentlich seine komplette *Ring*-Dichtung vorgelesen. In dieser Stadt komponierte er *Rheingold*, *Die Walküre* und einen grossen Teil des *Siegfried* sowie von *Tristan und Isolde*.

6 Zitiert nach *Johanna Spyri und ihr Werk – Lesarten*, mit einem Anhang «Briefe von Johanna Spyri an Verwandte und Bekannte», Zürich, Chronos, 2004.

7 Spyri spielt bestimmt auf die berühmten Kalendergeschichten des im alemannischen Raum Südbadens beheimateten Dichters Johann Peter Hebel (1760–1826) an, der im Genre der in Volkskalendern publizierten Kurzgeschichte neue Massstäbe setzte.

8 Für den Einfluss, den C.F. Meyer auf Freuds Forschungen ausübte, siehe den Artikel von Sjef Houppermans, *A l'envers, à l'endroit. Freud et le littéraire à la source*, in *Relief* 4/1 (2010), www.revue-relief.org/index.php/relief/issue/view/27 (Zugriff 16.9.2013).

9 Bruno Bettelheim, *The Uses of Enchantment. The Meaning and Importance of Fairy Tales*, New York, Knopf, 1975; hier zitiert nach Bruno Bettelheim, *Kinder brauchen Märchen*, übers. von Liselotte Mickel und Brigitte Weitbrecht, München, dtv, 1990 (14. Aufl.).

10 Marina Bethlenfalvay, *Les visages de l'enfant dans la littérature française du XIXe siècle. Esquisse d'une typologie*, Genève, Droz, 1979, p. 31. (Übers. E.G.). Diese Abhandlung, auf die ich mich im Folgenden mehrmals beziehen werde, illustriert verschiedene Elemente unserer Untersuchung in perfekter Weise. Auch wenn sie sich auf die französische Literatur konzentriert, schöpft sie

auch aus anderen – vornehmlich englischen und deutschen – Quellen. Hinweise auf unsere Heldin fehlen allerdings, obwohl im *Heidi*-Roman zahlreiche Gemeinplätze der romantischen Literatur auf engstem Raum versammelt sind. Dieses Versäumnis bzw. fehlende Interesse ist bei den meisten Abhandlungen zur Literatur des 19. Jahrhunderts – auch in Beiträgen aus der Schweiz – auszumachen.

11 Ausgestellt in der Stiftung für Kunst, Kultur und Geschichte, Winterthur.

12 Claude Reichler, *Entdeckung einer Landschaft. Reisende, Schriftsteller, Künstler und ihre Alpen*, aus dem Französischen von Rolf Schubert, Zürich, Rotpunkt, 2005, S. 167. Dieses Buch behandelt nur den Zeitraum bis Mitte des 19. Jahrhunderts und enthält deshalb keinen Hinweis auf Johanna Spyri. Diese wird wie bereits gesagt in solchen Studien ohnehin kaum je erwähnt. Reichlers These lässt sich aber sehr wohl auf unsere Autorin anwenden.

13 B. Bettelheim, op. cit., S. 77.

14 Alice de Chambrier, *Poèmes choisis*, Lausanne, L'Âge d'Homme, 2007, p. 129. Diese sehr früh verstorbene Dichterin hinterliess ein überaus reiches und reifes Werk, in welchem sie allen Geheimnissen der menschlichen Seele und der göttlichen Schöpfung nachspürt. Wie bei Johanna Spyri spielt die Natur bei Alice de Chambrier eine wesentliche Rolle: sie drückt ihre Schönheit mit einer fast mystisch zu nennenden Sensibilität aus, die stark von ihrem protestantischen Hintergrund geprägt ist.

15 C. Reichler, op. cit., S. 145.

16 Ebd., S. 151–152.

17 *Freitag oder Im Schoss des Pazifik*, aus dem Französischen von Herta Osten, Frankfurt a.M., Fischer Taschenbuch, 1968.

18 Christophe Gros, *Heidi de Dörfli ou la Suissesse missionnaire de la pureté alpestre*, in *Terres de femmes* (Ausstellungskatalog), *Itinéraires Amoudruz VI*, Genève, Musée d'ethnographie, Annexe de Conches, 1989, S. 285.

19 Peter Büttner, *Das Ur-Heidi: eine Enthüllungsgeschichte. Mit der Erzählung ‹Adelaide, das Mädchen vom Alpengebirge› von Hermann Adam von Kamp*, Berlin, Insel, 2011.

20 Marthe Robert, *Roman des origines et origines du roman*, Paris, Gallimard, 1972, p. 85. (Übers. E.G.)

21 Isabelle Nières-Chevrel, *Relire ‹Heidi› aujourd'hui*, in *Strenæ* [Onlinezeitschrift] 2 (2011), ins Internet gestellt am 21. Juni 2011. URL: http://strenae.revues.org/266.

22 Albrecht von Haller, *Versuch Schweizerischer Gedichte*, Bern, Herbert Lang, 1969, S. 27, 29.

23 Zitiert nach Claude Reichler, op. cit., S. 236.

24 Die (autorisierte) französische Übersetzung lässt Sesemann «Singulière sauvagerie des montagnards!» ausrufen, was entschieden stärker ist als das deutsche «schüchtern» (Anm. d. Übers.).

25 Dieser existentielle Konflikt veranlasst Denise von Stockar zu folgendem Kommentar: «[...] l'histoire ne peut pas simplement être classée parmi les

romans éducatifs-religieux ou de développement; il s'agit plutôt d'un véritable roman psychologique» (Denise von Stockar-Bridel, *Sophie et Heidi, miroir de leurs auteurs*, in *La Comtesse de Ségur et ses alentours. Actes du colloque international La Comtesse de Ségur et les romancières de la Bibliothèque rose*, September 1999, Redaktionsleitung dieser Nummer: Isabelle Nières-Chevrel, Université d'Artois [= *Les Cahiers Robinson* 9] 2001, p. 193–200).

26 M. Bethlenfalvay, op. cit., S. 41. (Übers. E.G.)

27 Ebd., S. 40 (Übers. E.G.). Die Gedichte von Marceline Desbordes-Valmore (1786–1859) sind von einer starken Sensibilität für die Welt der Kinder geprägt und einige darunter zeugen auch von einem zärtlichen Blick auf ihre eigenen Kinder.

28 Ebd., S. 42. (Übers. E.G.)

29 Ebd., S. 20. (Übers. E.G.)

30 Étienne Eugène Azam, *Hypnotisme, double conscience et altérations de la personnalité*, Paris, L'Harmattan, 2004, p. 57. «Bei spontanem oder künstlich herbeigeführtem Somnambulismus kann die Intelligenz gleichsam überstimuliert werden, und bestimmte Hirnfunktionen wie das Gedächtnis können eine bemerkenswerte Leistungssteigerung erfahren oder plötzlich abfallen.» (Übers. E.G.)

31 C. Reichler, op. cit., S. 143.

32 Ebd.

33 Meta Heusser-Schweizer, *Lieder einer Verborgenen*, Leipzig, Otto Holtze, 1858, S. 29.

34 A. von Haller, op. cit., S. 35.

35 Zitiert nach Claude Reichler, op. cit., S. 56.

36 Ebd., S. 78–79.

37 Ebd., S. 80.

38 Johann Gottfried Ebel, *Anleitung, auf die nützlichste und genussvollste Art die Schweitz zu bereisen*, Zürich, Orell Füssli, 1809, S. 26.

39 Jean-Jacques Rousseau, *Julie oder die neue Heloise. Briefe zweier Liebenden*, übers. von Felix Braun, Leipzig, Reclam, 1980, S. 67–68.

40 M. Bethlenfalvay, op. cit., S. 58. (Übers. E.G.)

41 Ein eindrückliches Beispiel dafür ist das Buch L'*Enfant* (1879) von Jules Vallès.

42 B. Bettelheim, op. cit., S. 141–142.

43 Ebd., S. 142.

44 Hier denke ich besonders an das Bild *La prière du matin (Das Morgengebet)*, das sich im Musée Cognacq-Jay, Paris, befindet.

45 Hannes Binder, Peter Stamm, *Heidi*, Zürich, Nagel & Kimche, 2008.

46 Gerhard Tersteegen, *Vom Kinderwerden*, in: ders., *Weg der Wahrheit*, Solingen, Joh. Schmitz, 1768, S. 135–137.

47 Alexandre Vinet, *Famille, Éducation, Instruction*, Lausanne, Payot, 1925, p. 270. «Es gibt wohl kaum eine anziehendere Lektüre für alle Altersklassen als die eines guten Kinderbuches. Die Kindheit ist ein Paradies, das man leichten, raschen Schrittes durchquert [...]; man lässt sich gerne auf die Eindrücke

dieses verlorenen Zeitabschnitts ein, um für einige Augenblicke zum Kind – das heisst zum glücklichsten und zum dichterischsten Menschen – zu werden. Aber dies ist nicht der einzige Vorzug von guten Kinderbüchern: Bücher, die das Leben der Kinder überlegt und treffend darstellen, gehören zu jenen, die dem Leser am meisten zu denken geben; sie schildern die Menschen und ihre Moral auf einfachste Weise und ihre Psychologie hat gerade aufgrund dieser Einfachheit Tiefe. Menschen, die auch in reifem Alter gerne Kinderbücher lesen – es sind mehr als man annehmen würde – brauchen sich also ihres einfachen Geschmacks nicht zu schämen [...]; ein Kinderbuch kann durchaus ein grosses und schönes Buch sein, das in unseren Bibliotheken einen Ehrenplatz verdient.» (Übers. E.G.)

48 Ebd., S. 307–308.

49 Ebd., S. 310.

50 Ebd., S. 169–170. «Sollte das innerste Wesen des menschlichen Geistes und die wechselseitigen Zusammenhänge seiner verschiedenen Fähigkeiten nicht gerade in den ersten Entwicklungsstadien des kindlichen Geistes untersucht werden?» (Übers. E.G.)

51 M. Robert, op. cit., p. 85.

52 M. Heusser-Schweizer, *Lieder einer Verborgenen*, op. cit., S. 6.

53 Aus dem Gedicht *Der erste Schritt*, in Meta Heusser-Schweizer, *Gedichte*, Basel, P. Kober C.S. Spittlers Nachfolger, 1898, S. 246.

54 Zitiert nach *Johanna Spyri und ihr Werk – Lesarten*, op. cit., S. 108.

55 Ebd., S. 108.

56 Für die Situation in Genf und insbesondere die Gründung der Haushaltschule empfiehlt sich die Lektüre des Kapitels «Du ménage à l'école, de l'école au ménage» von Josiane Ferrari-Clément in *Le Guide des femmes disparues*, Genève, Metropolis, 1993, p. 79–97.

57 *Heidi grandit*, Paris, Flammarion – Jeunesse, 1958, p. 145. «Es hat keinen Zweck, sie zu rufen, denn sie wird nicht kommen: Heidis Mutter wird niemals kommen, um ihre kleine Tochter zu trösten. Und doch fühlt das Mädchen heute ein Bedürfnis nach Liebe, nach Zärtlichkeit. Es möchte sich an jemanden kuscheln, sich wärmen, sich verstecken. Es möchte, dass man es wiegt, küsst und ihm, ohne ihm einen Vorwurf zu machen, leise zuflüstert: Komm, sag mir, was dich so betrübt!» (Übers. E.G.)

58 Die mitunter plagiatorische Verwendung von Texten Spyris in Trittens Fortsetzungen blieb meines Wissens von der Forschung bis heute unbeachtet.

59 Diese Information verdanke ich Herrn Roland Tolmatchoff, Leiter der Librairie des auteurs suisses in Genf.

60 Vgl. Nathalie Gara, *Le sourire de Heidi*, Paris, Flammarion – Jeunesse, 1959, p. 132.

61 Diese von Luc de Goustine und Alain Huriot besorgte Ausgabe von 1979 mit Illustrationen von Tomi Ungerer gilt als erste seriöse, respektvolle und vollständige Ausgabe nach jener von Camille Vidart. Eine 2012 bei Gründ, Paris,

erschienene Ausgabe übernimmt – ohne entsprechenden Hinweis – den Wortlaut der 1882 erschienenen Übersetzung von Camille Vidart.

62 Isabelle Nières-Chevrel spricht in ihrem Artikel *Heidi en France: un rendez-vous manqué*, in *Johanna Spyri und ihr Werk – Lesarten*, op. cit., p. 123 von einer Flut von Adaptionen.

63 Eleanor H. Porter, *Pollyanna*, Boston, The Page Company, 1913; hier zitiert nach E. H. Porter, *Pollyanna, ein Waisenkind in Amerika*, übers. und bearb. von Freya Stephan-Kühn, Würzburg, Arena, 1995, S. 37.

64 «Taifune, Erdbeben ... Ich kann nicht umhin, zwischen diesen krampfhaften, Himmel und Erde erfassenden Zuckungen und der Gartenkunst eine Beziehung zu sehen, in der eben diese beiden Bereiche nach subtilen, aufs Haar genauen Formeln miteinander vermählt sind. [...] Überdies erlangt man, je mehr man die Landschaft verkleinert, Zugang zu einem immer mächtigeren Zauber. Das Böse ist aus ihr verbannt, und in ihren Zwerggewächsen weht der Atem ewiger Jugend.» (Michel Tournier, *Zwillingssterne*, aus dem Französischen von Hellmut Waller, Frankfurt a.M., Fischer Taschenbuch, 1984, S. 401–402 und S. 416)

65 Die Japaner lieben ein weiteres Mädchen, das ebenfalls ein Waisenkind ist, leidenschaftlich: *Anne of Green Gables*, Titelheldin des gleichnamigen, 1908 (28 Jahre nach *Heidi*) verfassten Romans von Lucy Maud Montgomery. Auf diesen Roman folgten – wie es bei Kinder-Sagas häufig geschieht – eine ganze Reihe von Fortsetzungen. Trotz augenfälliger Unterschiede wird Anne, ein Kind mit überbordender Fantasie, gelegentlich als ‹kanadisches Heidi› bezeichnet. Das Haus der Autorin auf der Île-du-Prince-Édouard (wo auch die Geschichte spielt) zieht fast ebenso viele japanische Touristen an wie das Heidihaus in Maienfeld.

66 Hervé Dumont, *Geschichte des Schweizer Films: Spielfilme 1896–1965*, Lausanne, Schweizer Filmarchiv, 1987, S. 442.

67 Diese Verwechslung wiederholt sich in einem Manga von Yumiko Igarashi von 1998, der die Handlung ebenfalls in Deutschland ansiedelt.

68 H. Dumont, op. cit., S. 443.

69 Johanna Spyri, *Heimatlos, vier Geschichten für Kinder und solche, die Kinder lieb haben*, Basel, Gute Schriften, 1954, S. 25

70 Brief vom 31. Dezember 1883 an Hedwig Kappeler.

71 Zitiert nach der deutschen Übersetzung dieses Werks von Abraham Ruchat, *Über das Interessanteste der Schweiz*, Leipzig, Weygand, 1777, S. 3–6.

72 Johanna Spyri, *Der Toni von Kandergrund*, Gotha, Friedrich Andreas Perthes, 1889, S. 26–27.

73 B. Bettelheim, op. cit., S. 14.

74 Comtesse de Ségur, *Les Petites Filles modèles*, Paris, Casterman, 2003, p. 28. «Sie hatte im Alter von vier Jahren ihre Mutter in einem Schiffbruch verloren; ihr Vater verheiratete sich erneut und verstarb kurze Zeit danach.» (Übers. E.G.)

75 M. Bethlenfalvay, op. cit., S. 55. (Übers. E.G.)

76 Ebd., S. 56 (Hervorhebungen vom Verfasser). (Übers. E.G.)

77 Für einen Vergleich zwischen Sophie und Heidi siehe den Artikel von Denise von Stockar, *Sophie et Heidi, miroir de leurs auteurs*, op. cit.

78 Philippe Ariès, *L'Enfant et la Vie familiale sous l'Ancien Régime*, Paris, Seuil, 1973; Michel Foucault, *Histoire de la folie à l'âge classique*, Paris, Gallimard, 1972.

79 M. Bethlenfalvay, op. cit., S. 15.

80 Hervorhebung vom Verfasser. Mit Ausnahme von *Sina* fallen alle hier behandelten Werke Spyris unter diese Kategorie.

81 Marceline Desbordes-Valmore, *La Maison de ma mère*, oeuvres poétiques (II), Genève, Slatkine, 1972, p. 6. Nachdem die Dichterin ihr Erstgeborenes verloren hatte, schrieb sie zahlreiche Gedichte über tote oder sterbende Kinder.

82 M. Bethlenfalvay, op. cit., S. 26 und S. 38. (Übers. E.G.)

83 Pierre Assouline, *Hergé*, Paris, Plon, 1996.

84 H. Dumont, op. cit., p. 442.

85 Band III, Lausanne, Payot, 1983.

86 H. Dumont, op. cit., S. 442.

Schwabe reflexe

reflexe 30
Alexander Honold
Die Zeit schreiben
Jahreszeiten, Uhren und Kalender
als Taktgeber der Literatur
2013. 293 Seiten.
ISBN Printausgabe 978-3-7965-3193-4
ISBN eBook (PDF) 978-3-7965-3241-2

reflexe 32
Jean-Michel Wissmer
Heidi
Ein Schweizer Mythos erobert die Welt
2014. 168 Seiten. 10 Abbildungen.
ISBN Printausgabe 978-3-7965-3247-4
ISBN eBook (epub) 978-3-7965-3248-1

reflexe 33
Rolf Hochhuth
Invasionen
Zur Ethologie der Geschichte
Mit einem Nachwort von Johannes Rohbeck
2014. 231 Seiten. 1 Abbildung.
ISBN Printausgabe 978-3-7965-3253-5
ISBN eBook (PDF) 978-3-7965-3254-2

reflexe 34
Christoph Riedweg
Nach der Postmoderne
Aktuelle Debatten zu Kunst, Philosophie und Gesellschaft
2014. Ca. 320 Seiten. 72 Abbildungen.
ISBN 978-3-7965-3250-4

Das Signet des 1488 gegründeten Druck- und Verlagshauses Schwabe reicht zurück in die Anfänge der Buchdruckerkunst und stammt aus dem Umkreis von Hans Holbein. Es ist die Druckermarke der Petri; sie illustriert die Bibelstelle Jeremia 23,29: «Ist nicht mein Wort wie Feuer, spricht der Herr, und wie ein Hammer, der Felsen zerschmettert?»